MIKE HORN

Né en 1966 à Johannesburg, Mike Horn obtient un diplôme de science du mouvement humain à l'université de Stellenbosch. Il quitte l'Afrique du Sud en 1990, pour voyager en Europe où il commence à travailler en tant qu'instructeur de ski et guide de rafting et canyoning. Depuis, il multiplie les exploits inédits. Il a descendu l'Amazone à la nage, a fait le tour du monde en suivant la ligne de l'Équateur, a marché le long du cercle polaire arctique, et a bravé la nuit hivernale pour rejoindre le Pôle Nord. Il raconte ces aventures dans ses livres : *Latitude Zéro* (2001), *Conquérant de l'impossible* (2005) et *Objectif : Pôle Nord de nuit* (2007), tous parus chez XO Éditions. Il prépare actuellement son prochain voyage : dès mars 2008, il débutera un tour du monde qui traversera les cinq continents, sans aucun moyen de transport motorisé. Mike Horn est marié et père de deux filles.

OBJECTIF :
PÔLE NORD DE NUIT

DU MÊME AUTEUR
CHEZ POCKET

LATITUDE ZÉRO
CONQUÉRANT DE L'IMPOSSIBLE
À L'ÉCOLE DU GRAND NORD

MIKE HORN

OBJECTIF : PÔLE NORD DE NUIT

Récit

Avec la collaboration de Jean-Philippe Chatrier

XO ÉDITIONS

ISBN : 978-2-266-17955-3

« Ils ne savaient pas que c'était
impossible, alors ils l'ont fait. »

MARK TWAIN

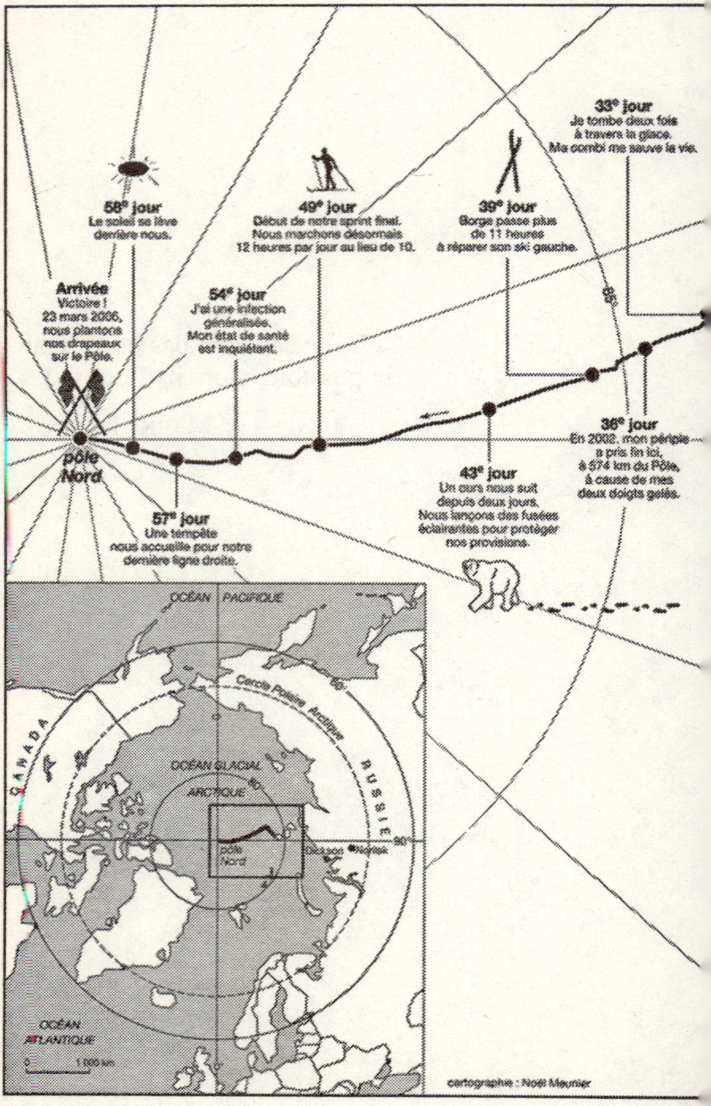

33e jour
Je tombe deux fois à travers la glace. Ma combi me sauve la vie.
58e jour
Le soleil se lève derrière nous.
49e jour
Début de notre sprint final. Nous marchons désormais 12 heures par jour au lieu de 10.
39e jour
Borge passe plus de 11 heures à réparer son ski gauche.
Arrivée
Victoire ! 23 mars 2006, nous plantons nos drapeaux sur le Pôle.
54e jour
J'ai une infection généralisée. Mon état de santé est inquiétant.
85
pôle Nord
36e jour
En 2002, mon périple a pris fin ici, à 574 km du Pôle, à cause de mes deux doigts gelés.
43e jour
Un ours nous suit depuis deux jours. Nous lançons des fusées éclairantes pour protéger nos provisions.
57e jour
Une tempête nous accueille pour notre dernière ligne droite.
OCÉAN PACIFIQUE
Cercle Polaire Arctique
CANADA
RUSSIE
OCÉAN GLACIAL ARCTIQUE
80
90
pôle Nord
Dickson
Norilsk
OCÉAN ATLANTIQUE
0 1 000 km
cartographie : Noël Meunier

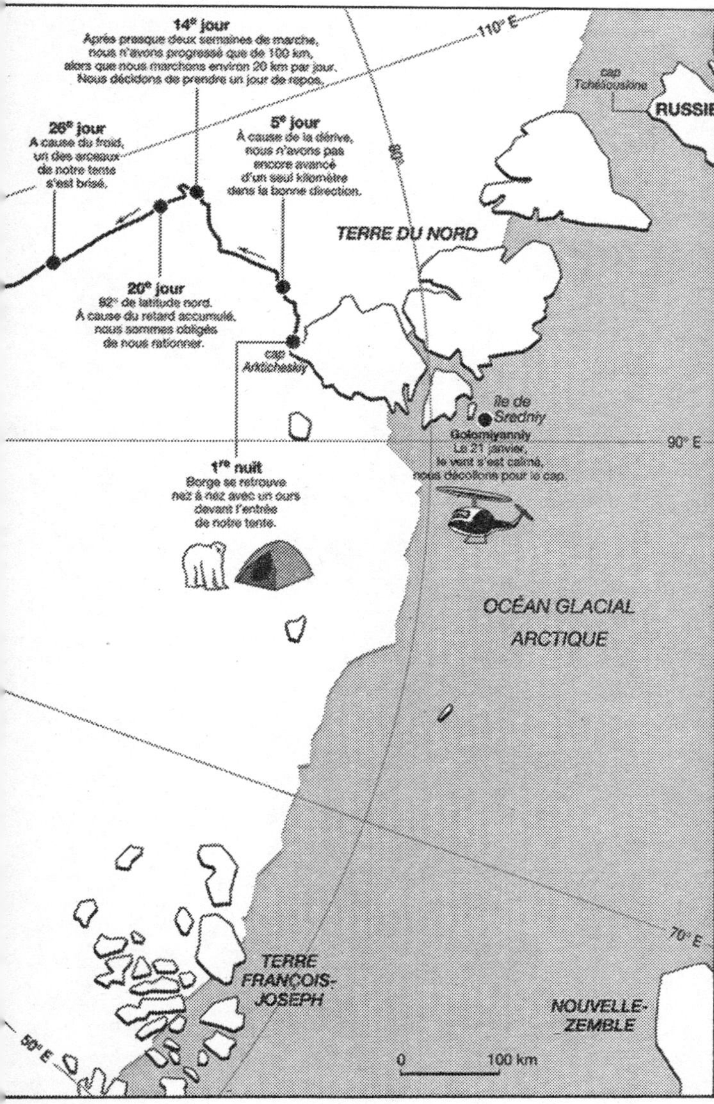

14e jour
Après presque deux semaines de marche, nous n'avons progressé que de 100 km, alors que nous marchons environ 20 km par jour. Nous décidons de prendre un jour de repos.
110° E
cap Tchélouskine
RUSSIE
26e jour
À cause du froid, un des arceaux de notre tente s'est brisé.
5e jour
À cause de la dérive, nous n'avons pas encore avancé d'un seul kilomètre dans la bonne direction.
80°
TERRE DU NORD
20e jour
82° de latitude nord. À cause du retard accumulé, nous sommes obligés de nous rationner.
cap Arktichesky
île de Sredniy
Golomiyanniy
Le 21 janvier, le vent s'est calmé, nous décollons pour le cap.
90° E
1re nuit
Borge se retrouve nez à nez avec un ours devant l'entrée de notre tente.
OCÉAN GLACIAL ARCTIQUE
70° E
TERRE FRANÇOIS-JOSEPH
NOUVELLE-ZEMBLE
50° E
0
100 km

1

Partir amis, revenir frères

Pour la plupart des gens, ça n'a rien de surhumain : Borge Ousland et moi sommes allés au pôle Nord à pied, en plein hiver, donc en pleine nuit. D'accord. Mais ça ne représentait qu'un millier de kilomètres, et le froid – moins quarante en moyenne –, l'obscurité totale et permanente n'étaient que des obstacles dérisoires, pour des banquisards aguerris comme nous…

On pourrait leur répondre par une simple question : si c'était tellement facile, comment se fait-il que nous soyons les premiers – et jusqu'à présent les seuls – à avoir réussi ce que, toute modestie mise à part, les spécialistes considèrent unanimement comme un exploit ?

Pour ma part, je préfère répondre par le récit qui suit. Ce qu'il raconte, c'est une aventure humaine unique dans mon parcours personnel, un itinéraire en permanence entre bonheur et souffrance, entre euphorie et drame. Avec parfois la mort, si proche qu'elle nous caresse la joue…

Évoluer pendant plus de deux mois dans des circonstances extrêmes, dans un environnement totalement hostile, un univers « inhumain » au sens littéral du terme, c'est-à-dire où il est impossible à l'être humain de survivre, un monde où l'on n'est jamais absolument certain de ne pas être mort dans les prochaines vingt-quatre heures... Cette aventure constitue un exploit en soi.

Mais dans ce contexte, devoir vivre avec quelqu'un dans une proximité qui implique une absence totale d'intimité ; où chaque jour, chaque heure et chaque instant, la vie de l'un est entre les mains de l'autre. Même si cet « autre » – et c'est valable pour Borge comme pour moi – est un ami qu'on pratique depuis de longues années, pour qui on éprouve autant de confiance que de respect, voilà, peut-être, le véritable exploit.

Ce livre raconte l'autre moitié de l'histoire. Ou comment Borge et moi avons fait pour réussir, contre toute probabilité, en traversant les méandres obscurs et périlleux de la nature la plus sauvage et impitoyable qui soit.

La nature humaine.

Et comment nous l'avons vaincue.

En d'autres termes : comment, partis amis, nous sommes revenus frères.

Notre aventure est aussi une parabole : celle de la vie et de ses épreuves. Elle illustre de manière universelle les qualités nécessaires pour réussir la première et surmonter les secondes. Tout ça se résume en une formule : la victoire est là quand l'envie de gagner devient plus forte que la peur de perdre.

En nous accompagnant dans notre équipée, chacun se retrouvera face à un miroir où il reconnaîtra un troisième « héros » : lui-même.

Le genre de héros qui s'illustre dans la vie quotidienne. Nous avons tous un traîneau, chargé jusqu'à la gueule, à tirer. Quand les bras et les jambes ne répondent plus, les héros de la vie tirent avec le cœur. Exactement comme nous, parfois, sur la route du Pôle.

Si ce récit aide une seule personne à trouver l'impulsion qui manquait à sa vie, à faire jaillir l'étincelle qui faisait défaut à ses rêves, il n'aura pas été écrit en vain.

2

Cap cauchemar

Avec leurs feux d'atterrissage, seules lumières à percer ces ténèbres, les hélicos de Taymir Air ont des allures de modules lunaires arrivés à destination.

Nous déchargeons et rassemblons hâtivement nos affaires, sans remarquer tout de suite quelque chose d'anormal dans le comportement des pilotes.

D'habitude, après ce genre de « dépose », ils n'ont qu'une hâte : s'arracher le plus vite possible. Si on met trop de temps à descendre ou à débarquer le matériel, ils vous bousculent même à coups de « *Bystra ! Bystra !...* ». Vite ! Vite !...

Pas cette fois. La manière dont ils s'attardent nous semble d'abord étrange. Puis l'évidence nous apparaît dans un flash : ils sont persuadés que nous allons remonter dans l'hélico et rentrer avec eux !

Pourquoi ferions-nous une chose pareille, alors que nous nous sommes battus pour arriver jusqu'ici ? Que nous les avons grassement payés pour ça ? Que nous avons exprimé clairement, fermement et de manière répétée les objectifs de notre expédition ?...

Pour répondre à cette question – et comprendre l'attitude des pilotes –, il n'y a qu'à regarder ce qui s'ouvre devant nous.

La bouche de l'enfer.

Une nuit sans fin, des abysses de froid où aucun être humain ne peut survivre… où nul ne s'est jamais aventuré.

Un gouffre aveugle et terrifiant.

Au-delà des quelques mètres où les phares nous permettent encore de distinguer au moins le sol, il n'y a rien. Rien que les ténèbres et l'eau noire, prêtes à nous engloutir si nous sommes assez présomptueux – ou assez fous – pour faire un pas de plus.

Même en plein jour, le cap Arkticheskiy, au nord de la Sibérie, est l'endroit le plus effrayant que je connaisse. C'est le lieu symbole, unique au monde, de l'engagement total, absolu. Un cauchemar dont on n'ose pas prononcer le nom et qu'on se contente, la plupart du temps, d'appeler le « cap A ».

Combien de postulants à la conquête du Pôle, en arrivant ici, n'ont pas trouvé le courage d'aller plus loin et sont remontés dans l'hélicoptère ?

C'est apparemment ce à quoi s'attendent, de notre part, les pilotes russes. Eux qui ne sont pourtant pas des âmes sensibles ont l'air de dire : « Allez, les mecs, c'est fini, la plaisanterie. Maintenant que vous avez vu à quoi ça ressemble, on peut rentrer. Personne ne vous en voudra. »

On dirait presque qu'ils culpabilisent à l'idée de nous laisser dans un endroit pareil. D'ailleurs, le cap Arkticheskiy n'est pas un endroit : c'est une légende. Ceux qui ont continué au-delà – même en plein jour – ne sont pas souvent revenus.

Nous leur faisons comprendre que nous ne sommes pas venus jusqu'ici pour nous dégonfler. Il est vrai que nous avons de bonnes raisons d'être là. La première et la meilleure, c'est l'envie dévorante qui nous pousse tous les deux, depuis le fameux jour où cette idée démente a germé dans l'esprit de Borge.

Ils voient que nous sommes décidés et n'insistent pas.

Après d'ultimes embrassades et d'ultimes photos, Sebastian et Kjell Ove, nos photographes, remontent à bord.

Les rotors se remettent à tourner à pleine puissance, soulevant une tempête blanche. Les appareils s'élèvent lourdement, s'attardent un instant au-dessus de nous. Brièvement, nous sommes noyés sous la douche éblouissante de leurs projecteurs.

Un dernier signe de notre part et ils disparaissent, emportant avec eux leurs faisceaux étincelants.

Désormais et pour les deux mois à venir, notre seule lumière sera celle de nos lampes frontales.

Le bruit des rotors définitivement évanoui, nous n'entendons plus, Borge et moi, que le battement de nos cœurs, qui cognent pesamment dans nos poitrines.

Nous chaussons nos skis. Je regarde longuement les miens, sur lesquels Annika et Jessica, mes filles, ont réalisé toutes sortes d'illustrations, comme elles l'ont fait lors de ma précédente expédition – drapeaux suisses, cœurs, fleurs, ours polaires, chalet évoquant le nôtre et petits personnages représentant ma famille –, destinées à m'accompagner et à me porter bonheur. Elles les ont agrémentées de formules – « Bonne chance ! », « Tu nous manques ! » – qui me feront à chaque instant entendre leur voix et me rappelleront qu'elles ne cessent de m'encourager de toutes leurs forces.

D'autres emportent des photos de leur famille. Je préfère ces dessins, qui me restituent mes filles vivantes, actives, telles qu'elles sont dans ma tête, dans mon cœur et dans la réalité. Une photo est obsolète dès l'instant où elle est prise.

Et puis, j'ai pour principe de ne rien emporter que je ne puisse manger.

Nous fixons nos traîneaux lourdement chargés à nos harnais, et notre canot pneumatique acheté à Norilsk à l'une de nos luges. Nous tirerons en alternance ces cinquante-quatre kilos supplémentaires.

En avançant vers l'océan, nous passons tout près de la carcasse d'un camion militaire abandonné, vestige de la guerre froide. Sa silhouette fantomatique émerge de la nuit comme un augure sinistre. Ou un avertissement : ici s'arrête toute activité, toute vie humaine. À partir de cette limite, l'argent, la technologie la plus poussée ne servent plus à rien. Celui qui franchit ce point ne peut compter que sur lui-même, et sur un seul matériau : celui dont il est fait.

En posant le pied sur la glace – c'est-à-dire sur l'océan Arctique –, nous aurons en effet franchi le point de non-retour. Sur le continent, on peut toujours venir nous récupérer ; il n'existe pas de recoin inaccessible pour les hélicos.

Mais sur les millions de kilomètres carrés d'une calotte glaciaire toujours en mouvement, et dans la nuit totale, c'est autre chose.

Je m'efforce de chasser la peur qui rôde encore dans les replis de mon cerveau. La peur est un signal d'alarme devenu inutile, au stade où nous en sommes.

Ici, la transition entre la terre et l'océan est quasi inexistante. On ne peut pas s'empêcher de marquer un temps d'arrêt avant d'accomplir le pas décisif qui conduit au-delà de ce palier.

Avant de se jeter dans ce gouffre.

Un dernier regard échangé, sous la capuche de nos

parkas. Comme si chacun, une dernière fois, testait la détermination de son coéquipier.

À partir de maintenant, nous marcherons l'un devant l'autre, la plupart du temps assez loin pour que tout dialogue soit impossible entre nous, à moins de crier.

Sans un mot, nous faisons notre premier pas sur la glace.

Si j'arrive à faire abstraction de la peur, il est plus difficile de faire taire tout à fait la petite voix – celle de la raison ? – qui ne cesse de me demander ce que je suis venu faire dans un endroit pareil !

3

L'« abominadmirable » homme des neiges

Tout a commencé par un coup de téléphone, une nuit d'octobre 2004.

Je viens de retrouver ma maison de Château-d'Œx, en Suisse, après Arktos, mon tour du cercle polaire arctique, cette expédition de deux ans et deux mois dont je suis à peine remis [1].

C'est Borge Ousland, qui m'appelle de chez lui, dans la région d'Oslo. Il est tard, mais je suis heureux de l'entendre. Borge est devenu un ami très cher, après avoir été mon gourou des glaces, celui qui a aidé le Sud-Africain que je suis (et qui n'avait jamais vu un flocon de neige avant l'âge de vingt ans) à apprivoiser le Grand Nord.

D'autres m'ont ouvert la voie : Jean Troillet, le vainqueur de huit sommets himalayens de plus de 8 000 mètres sans oxygène, Erhart Loretan, qui en a gravi quatorze !... tous des proches et des grands de la montagne. Mais Borge a été ma principale inspiration.

Ancien plongeur en mer du Nord, ex-membre des Forces spéciales navales norvégiennes, ce natif d'Oslo a commencé ses exploits en 1986 par une « petite » traversée du Groenland (880 kilomètres quand même) : à

1. Lire *Conquérant de l'impossible*, XO, 2005.

skis, sans assistance et sans ravitaillement, il rallie le pôle Nord, en partant de l'île canadienne d'Ellesmere. C'est de nouveau le Pôle qu'il vise, en s'élançant en solitaire le 2 mars 1994 du fameux cap Arkticheskiy. Il l'atteint cinquante-deux jours après, le 22 avril. Le 15 novembre de la même année, il quitte Berkner Island, sur la mer de Weddell. Soixante-quatre jours et 2 845 kilomètres plus tard, en posant le pied sur la base de McMurdo, il est devenu le premier homme à traverser l'Antarctique, seul et sans assistance.

En 2001, il est encore le premier à franchir l'Arctique, de la Sibérie au Canada, en passant par le Pôle.

Histoire de prendre un peu d'altitude, il escalade un sommet himalayen de plus de 8 000 mètres : le Cho Oyu. En 2003, avec Thomas Ulrich, il traverse sans assistance le glacier de Patagonie du Sud.

Parce qu'il était à mes yeux le plus grand de tous, c'est Borge Ousland que je suis allé consulter, sans le connaître encore, avant ma première tentative pour rallier le pôle Nord, début 2002. Qui pouvait mieux me conseiller que le premier homme à avoir atteint le Pôle en solo, le premier à avoir traversé l'Antarctique en solitaire ? Pour étudier d'aussi près que possible cet individu hors du commun, je suis carrément allé m'installer chez lui, sur la côte norvégienne, dans sa belle maison avec vue sur un fjord. Je voulais tout savoir de lui : sa façon de vivre, de fonctionner, de réagir, ses routines quotidiennes… Ainsi, pensais-je, je serais vite fixé quant à mes propres capacités à suivre ses traces.

J'ai découvert un personnage étonnant, zen de chez zen, le genre mammifère à sang froid qui conserve la moindre parcelle d'énergie. Il donnait l'impression que son rythme cardiaque, à certains moments, descendait à un battement par minute, comme celui des grands maîtres de l'apnée… Entre l'instant où il proposait un café et celui où on y trempait les lèvres, il pouvait s'écouler deux bonnes heures...

Jugeant mes motivations honorables, Borge m'a transmis en quelques jours toute son expérience acquise en dix ans d'expéditions polaires. « Je veux t'aider à devenir le deuxième homme à atteindre le Pôle en solo », m'a-t-il dit.

Fort de tout cet enseignement, je suis rentré chez moi et j'ai commencé à mettre au point mon équipement. Mais trois semaines avant mon départ pour le Pôle, il était loin d'être au complet.

Je fais part de mes soucis à Borge Ousland. Deux jours plus tard, celui-ci débarque dans mon petit chalet familial, avec un énorme sac de marin. Il passe en revue mon matériel, et les jugements tombent : « Ça, oui... Ça, non... Ça, ça fonctionnera peut-être... Ça, sûrement pas... » Tranchant d'un coup de canif les élastiques de mes moufles, il m'explique que pour éviter que mes doigts ne gèlent, rien ne doit entraver ma circulation. « Tu dois entrer dans tes gants comme une voiture dans un garage », dit-il. Et d'attacher des rubans de Nylon aux zips, pour que je puisse les attraper à coup sûr. Examinant ma tente, il m'enjoint de m'entraîner à la monter en moins de vingt secondes. « Au-delà, par moins quarante, tu es mort », ajoute-t-il froidement. Il ouvre son barda et en sort une paire de bâtons de ski garantis incassables, ainsi qu'une doublure antibuée à glisser dans mon sac de couchage ; pour éviter, dit-il, que la sueur n'y gèle et ne l'alourdisse d'un demi-kilo par jour.

Enfin, ce père Noël descendu du Grand Nord avec une hotte remplie à mon intention m'offre le plus beau cadeau : ses propres chaussures de banquise, celles qui l'ont porté jusqu'au Pôle ! Les mêmes que celles du grand pionnier Fridtjof Nansen, lors de ses premières expéditions ! Ce sont des godillots énormes – six pointures au-dessus de la mienne –, capables d'accueillir mes pieds, leurs différentes chaussettes isolantes et autres enveloppes protectrices.

Ému mais gêné par tant de générosité, je commence par refuser. Borge me met de force ses bottes dans les mains, en y ajoutant la doublure isolante qui va avec.

« Je tiens à te voir revenir avec tous tes orteils ! » dit-il.

Même si, par la suite, je me suis fabriqué ma propre expérience et mon propre enseignement, je n'ai pas oublié les leçons de Borge Ousland, ses « trucs », sa philosophie et son amour de l'Arctique. Ils ont été pour beaucoup dans le succès de ma dernière expédition et m'ont aidé, d'une manière non négligeable, à revenir vivant.

Son intervention auprès des gardes-frontières norvégiens en octobre 2004 m'a même permis de terminer mon tour du cercle arctique.

Car Borge est une star. Dans son pays – dont, signe du destin, le nom, *Norge*, « Norvège », est identique, à une lettre près, à son prénom –, il est quasiment aussi célèbre que le roi Harald ou le prince héritier Haakon.

Si je le considère comme mon aîné, c'est moins parce qu'il a quatre ans de plus que moi (il est né le 31 mai 1962) qu'à cause de sa fabuleuse expérience. La mienne, en comparaison, me semble bien modeste. À mes yeux, il est le roi, le maître de l'Arctique. Un géant viking, aussi blond que je suis brun, pour qui mon amitié n'a d'égal que mon respect.

L'abominadmirable homme des neiges.

C'est dire si je l'écoute attentivement, quand il m'expose l'idée – ou plutôt le projet – qui motive son coup de téléphone.

Le principe est tout simple : parcourir ensemble à pied, en hiver – c'est-à-dire dans l'obscurité complète – et sans aucune possibilité de ravitaillement extérieur en cours de route, les 1 000 kilomètres qui séparent le cap sibérien d'Arkticheskiy du pôle Nord.

Ce parcours, Borge l'a déjà fait en 1994. Mais c'était en mars-avril, c'est-à-dire, pour l'essentiel, en plein jour. Réussir la même chose de nuit serait la cerise sur son omelette norvégienne, le seul diamant qui manque à sa couronne.

Il se trouve que moi aussi, j'ai pensé à tenter cet exploit, en solitaire. Mais j'ai abandonné l'idée pour un motif très simple.

Ce projet défie toutes les lois de la raison.

Pourquoi ? Parce qu'il implique de se diriger pendant deux mois en aveugle sur un terrain qui, loin d'être de la « terre ferme », comme en Antarctique, n'est qu'une surface mouvante faite de glace et d'eau. D'eau profonde… et de glace souvent trop mince pour supporter le poids d'un homme. La calotte glaciaire arctique est une sorte de monstre qui respire, une carapace éclatée qui bouge en permanence. On est sûr, en s'endormant, de se réveiller des kilomètres plus loin. Quand la tempête se lève en Antarctique, on est en sécurité sous la tente (pour peu qu'elle soit bien accrochée). Dans l'Arctique, on y est en danger de mort, car la bourrasque pousse et fait éclater la glace, qui risque à tout moment de s'ouvrir sous l'abri de toile, l'engloutissant avec ses occupants. C'est un territoire tellement hostile que personne, au cours des dix dernières années, n'a réussi l'exploit de le traverser en été, avec une visibilité totale. À plus forte raison dans le noir absolu, où les pièges sont innombrables, redoutables… et invisibles. Je pense, en vrac, à la taille des étendues liquides, impossibles à évaluer ; à l'importance ou à la dangerosité des montagnes de glace, qu'on ne voit que quand on a le nez dessus ; aux passages introuvables dans les labyrinthes glacés ; aux ours, fantômes féroces surgissant soudain de la nuit ; aux vents, plus violents que jamais en cette saison, qui font plonger les températures vers les extrêmes, obligeant à redoubler d'inventivité pour ne pas mourir gelé pendant son sommeil ; aux bourrasques quasi permanentes qui font dériver la banquise au sud, vous repoussant vers l'arrière comme un gigantesque tapis roulant pris en sens inverse ; à toute cette eau salée, enfin, sur laquelle on marche et qui génère une telle humidité qu'elle imprègne le moindre vêtement et l'empêche de jamais sécher complètement…

Et si les choses tournent mal, toute éventualité de sauvetage par hélicoptère est à exclure. La banquise dérivante rendrait notre position obsolète, à peine transmise ; l'obscurité totale nous cacherait aux pilotes et nos fusées éclairantes ne seraient que d'un faible secours. Enfin, le rayon d'action des hélicos serait trop limité, faute de carburant, pour qu'ils puissent venir nous chercher au-delà d'un certain point. Les parachutages préalables de fuel, régulièrement utilisés en été, deviennent impossibles en hiver : les bidons tombent à l'eau, traversent la glace, dérivent trop loin de leur point d'impact, sont invisibles dans le noir…

De toute façon, il est rigoureusement interdit aux hélicos de voler la nuit au-dessus de la calotte glaciaire arctique, et à plus forte raison de s'y poser !

En résumé : toutes les chances d'échouer, quelques-unes de ne jamais revenir. Une aventure pareille irait au-delà de l'engagement absolu, car elle aurait à tout instant notre vie pour enjeu. Car elle reviendrait à s'enfoncer dans un interminable tunnel où, quoi qu'on puisse y rencontrer, il serait impossible de faire demi-tour. On n'aurait le choix qu'entre deux options : arriver au bout… ou mourir.

Ce que me propose Borge Ousland n'est ni plus ni moins l'équipée la plus dangereuse de toute ma vie d'aventurier.

Pourtant, je n'hésite pas.

D'abord, il faut que je retourne au Pôle. La dernière fois, en 2002, j'y ai oublié quelque chose. Mes doigts [1].

Plus sérieusement, lors de ma précédente tentative, j'ai dû renoncer à quinze jours du but, le pouce, le médius et l'annulaire noircis, menacés d'amputation si je restais un jour de plus sur la glace. Après cette expérience, je considère que j'ai payé le prix. Que j'ai acquitté mon droit de passage. Et j'ai le sentiment que le Pôle me doit une revanche.

— C'est oui, et comment ! fais-je avec enthousiasme.

Si j'adhère aussi spontanément au projet de Borge, c'est que la combinaison de tous les dangers qu'il contient – le froid extrême, le vent, la banquise flottante, l'eau ouverte, les ours, la nuit… – en fait le plus formidable challenge de ma carrière. Dans le Grand Nord, en tout cas. Cette expédition fera appel à la totalité de mes connaissances, à l'ensemble de l'expérience acquise lors de mes précédentes aventures arctiques.

C'est l'obscurité de la nuit polaire qui représente pour moi le pari le plus fascinant. Cette nuit permanente qui déprime, engendre des pulsions suicidaires ou meurtrières, provoque l'hypersomnie. Tout ce que les Inuits rassemblent sous le nom de *cabin fever*. Et contre lequel il faudra lutter de toutes nos forces, en plus du reste.

1. Vrai. En partie, du moins. Lire l'épisode dans *Conquérant de l'impossible*.

Comment laisser passer un tel défi ?

D'autant qu'il comporte, en prime, une difficulté supplémentaire : l'obligation, pour moi, d'apprendre « sur le tas » à fonctionner en tandem.

Car Borge vient de me donner une solution évidente à laquelle, pourtant, je n'avais pas pensé. Comment rendre possible un exploit impossible, pour lui comme pour moi ?

Simple : en l'accomplissant à deux.

De nuit, sur cette calotte glaciaire dont les morceaux se dérobent sans cesse sous les pas, dans cet environnement tellement hostile que les qualités et le savoir-faire, si pointus soient-ils, d'un seul homme ne suffisent pas, deux auront peut-être une chance de vaincre.

Et encore, à condition que les compétences et les « spécialités » de ces deux coéquipiers s'harmonisent à la perfection.

Or, justement, je suis convaincu que, vu la somme d'expérience que nous avons respectivement accumulée dans l'Arctique, nous avons une vraie possibilité de réussir.

Nos atouts respectifs semblent faits pour se compléter.

Borge possède une connaissance, une maîtrise du Grand Nord, et de la région du Pôle en particulier, absolument inégalables. Il reste à ce jour le seul homme à avoir rallié le Pôle, depuis le cap Arkticheskiy. Ce n'est pas pour rien que je l'appelle le « roi de l'Arctique ». Personne ne lui arrive à la cheville dans l'art complexe de repérer la meilleure trajectoire dans un paysage de gigantesques blocs éclatés, de contourner une menaçante étendue d'eau noire, ou de dénicher l'unique passage permettant de se faufiler à travers une masse de glace compacte et infranchissable d'une crête de compression. Sur la glace et par grand froid, il travaille vite, avec précision et efficacité, tandis qu'avec mes doigts amputés de leurs extrémités, prêts à geler de nouveau à la moindre occasion, il me faut davantage de temps pour accomplir la tâche la plus élémentaire.

C'est avec lui que j'ai le plus de chances de réussir. Et réciproquement.

C'est d'abord pour cela que Borge m'a choisi : c'est avec moi qu'il a les meilleures chances de succès.

Ma spécialité, c'est la navigation. Surtout de nuit.

Par rapport à Borge, qui a accompli tous ses exploits à la lumière du jour, j'ai l'avantage d'être habitué, depuis mon tour du cercle arctique, à évoluer dans la nuit polaire, sans aucune visibilité. Pendant ces longs mois passés à avancer dans l'obscurité, j'ai appris à discerner ce que les autres ne voyaient pas ; ce qui, jusque-là, m'était invisible, à moi aussi.

J'ai le don de l'orientation, comme d'autres ont la « main verte » ou l'instinct du meilleur plan de carrière. Lors de mon tour du monde sur l'équateur, j'ai crapahuté dix jours de suite au cœur de la jungle amazonienne sans regarder un GPS. Au bout de ces dix jours, je ne m'étais éloigné de l'équateur que de 9 mètres.

Ce sens hyperdéveloppé de l'orientation a largement participé au succès de mes précédentes expéditions, en me permettant d'économiser une énergie particulièrement précieuse : la mienne.

J'espère qu'il en sera de même pour celle-ci. Ma capacité à garder le cap en toutes circonstances, même dans le noir, sera ma principale contribution à notre aventure commune, dont le succès dépendra pour beaucoup de notre habileté à nous repérer dans l'obscurité.

Accessoirement, cette expédition représentera pour moi une expérience totalement nouvelle, puisque – si l'on excepte un « stage d'apprentissage » en forme de tentative de traversée du Groenland avec Jean Troillet et Erhart Loretan – j'ai toujours fonctionné en solo.

Borge a peut-être fait le premier pas mais, à ce stade, il me semble plutôt que nous nous sommes choisis, lui et moi, pour nous lancer ensemble dans cette aventure de tous les dangers ; tout simplement parce que nous avons du respect l'un pour l'autre, pour ce que nous sommes, pour ce que nous avons déjà accompli séparément. Borge considère que je suis aussi résistant que lui, sur le plan physique et mental, aussi dur à la douleur, aussi accrocheur.

Je suis déterminé à ne le décevoir à aucun prix.

Je sais qu'il est prêt à aller au-delà de lui-même pour ne pas démériter à mes yeux.

Pour chacun de nous, perdre l'estime de l'autre serait sans doute pis que d'échouer.

En tout cas, une chose est désormais évidente.

Borge Ousland et moi avons besoin l'un de l'autre pour réussir.

Nous sommes unis pour le meilleur… et pour la survie.

4

Objectif Pôle

Notre expédition débutera en janvier, au cœur de la période la plus sombre de l'hiver arctique. Nous fixons d'ores et déjà la date « officielle » de notre arrivée au Pôle : ce sera le 23 mars. L'équinoxe de printemps a lieu aux alentours du 21, mais les repères traditionnels s'estompent dans l'Arctique, et nous ne nous sentons pas tenus par eux, à deux jours près. Ce sera donc le 23. C'est ce chiffre que nous aurons désormais en tête, cette date butoir que nous devrons respecter à tout prix. Elle représentera un objectif, un encouragement, une incitation à nous dépasser, quand viendra le moment – et il viendra – où plus rien d'autre ne nous tiendra debout.

Arriver le 23 mars, cela implique de partir vers la mi-janvier. À cette époque, la glace n'est pas encore solidifiée, pas encore épaissie par de longs mois d'un hiver intense. Elle sera toujours fragile, dérivante, d'une dangereuse minceur à beaucoup d'endroits ; souvent inexistante, laissant la place à de vastes étendues d'océan Arctique, d'eau « ouverte » qu'il faudra contourner ou traverser.

Faire le tour de ces lacs géants peut prendre des heures, voire des jours, et entraîner des retards considérables.

Les traverser reste la meilleure solution.

Pour cela, il y a trois options.

Première option : le canot pneumatique. On s'en procurera un, mais on le réservera aux franchissements suffisamment longs pour nous obliger à dormir à bord. Ce sera surtout le cas en quittant le cap Arkticheskiy, où il faudra probablement pagayer un peu pour rejoindre la banquise proprement dite. Par la suite, les étendues d'eau ouverte se réduiront (on l'espère) à mesure que nous progresserons vers le nord (ce qui nous permettra de nous alléger en abandonnant le pneumatique).

Deuxième option : les traîneaux, utilisés comme des pirogues. Mais notre poids, ajouté à leur chargement, risque de les faire chavirer. Si cela arrive et qu'on se retrouve à l'eau sans équipement imperméable, c'est la mort assurée.

La troisième option est finalement la seule valable : se mettre à l'eau et franchir l'obstacle à la nage.

C'est possible, à condition d'avoir un équipement spécial.

À l'occasion de sa traversée de l'Arctique, de la Sibérie au Canada en passant par le Pôle, en 2001, Borge a fait mettre au point par Helly Hansen une combinaison étanche qu'on enfile par-dessus tout le reste. Fermée aux extrémités, cette épaisse tenue de Nylon orange comporte une capuche qui ne laisse exposée qu'une partie du visage, et une longue fermeture zippée allant de l'entrejambe au menton, doublée d'une sorte de bavette intérieure pour l'étanchéité. Totalement imperméable, cette combinaison crée autour de celui qui l'occupe une couche d'air chaud, protectrice et isolante, qui lui donne des allures de bonhomme Michelin, mais lui permet de s'immerger sans risque dans l'eau glacée.

Glacée, et pourtant presque chaude, comparée à l'air ambiant. On n'aura vraiment froid qu'en sortant.

Il faudra alors se rouler dans la neige, pour que celle-ci nous sèche en absorbant l'humidité résiduelle.

La combinaison a toutefois un inconvénient majeur.

La pression exercée par l'eau écrase la couche d'air qui se trouve à l'intérieur, ainsi que celles qui existent entre les autres vêtements. Résultat : le corps, s'il est au sec, est rapidement privé de toute isolation contre le froid. Au bout de vingt minutes, c'est le début de l'hypothermie.

Vingt minutes... C'est le maximum de temps que nous pourrons nous permettre de passer dans l'eau. Sachant que, le plus souvent, nous ignorerons à quelle distance se trouvera l'autre bord, cela ressemble étrangement à de la roulette russe.

Sans oublier un dernier petit « détail » : le risque d'être confondu avec un phoque et déchiqueté à coups de griffes par un des nombreux ours polaires embusqués au bord de ces ouvertures liquides laissées dans la banquise inachevée. Pour les grands prédateurs, ce sera l'affût de la dernière chance avant que les trous ne se referment et que, leurs provisions de graisse effectuées, ils n'entrent avec le printemps dans une période moins active.

En janvier-février, en pleine chasse, ils seront au maximum de leur agressivité.

Mais notre principal adversaire, dans cette nuit permanente, sera le froid.

Si, dans l'Arctique, le thermomètre descend rarement en dessous de moins quarante-cinq, la violence des vents, en hiver, fait plonger les températures.

Il faut s'attendre au pire.

Un tableau intitulé « Effets de la froideur du vent » résume les choses avec un détachement clinique :

– 1 °C et plus. Frais. Faiblement inconfortable.

– 10 à – 1 °C. Froid. Inconfortable.

– 18 à – 10 °C. Très froid.

– 29 à – 18 °C. Froid cinglant. Danger faible. Gelures possibles lors d'expositions prolongées.

– 50 à – 29 °C. Froid intense. Danger grand. Gelures probables lors d'expositions prolongées.

– 50 °C. Froid extrême. Danger considérable. La peau exposée peut geler en moins de trente secondes.

Je médite sur la photo d'un pied aux orteils gelés. Noircis, comme carbonisés, partiellement putréfiés, ils ne sont pas beaux à voir. Et l'image suivante, prise après amputation, a de quoi me faire faire des cauchemars.

Un autre tableau, celui des « Indices éoliens », établit la relation entre la vitesse du vent – 8 km/h, 16 km/h, 24 km/h, 32 km/h, 40 km/h, etc. – et des températures ambiantes variant entre 0 et – 50 °C. Dans l'Arctique, la moyenne se situe en principe entre – 20 °C et – 45 °C, la vitesse des vents étant comprise entre 16 et 48 km/h. Les températures extrêmes sont dues à son effet sur la peau. Autrement dit, le vent nous rend le froid plus intense qu'il n'est réellement. Par moins cinquante, quand il souffle à 8 km/h, nous avons l'impression qu'il fait – 54 °C. À 24 km/h, on ressent un froid équivalent à – 79 °C.

Éole sera donc notre principal adversaire. Il nous fera subir des températures exceptionnellement froides qui entameront plus vite et davantage nos réserves d'énergie ; il nous obligera à lutter contre lui en permanence, aggravant notre fatigue ; il nous « punira » sévèrement en faisant reculer la banquise sous nos pieds d'une manière quasi constante ; enfin, il allongera notre route en nous forçant, pour éviter de nous geler le visage en le subissant de face trop longtemps, à modifier régulièrement l'axe de notre trajectoire !

Dans un tel environnement, il faut en permanence se rappeler à quel point il est facile de mourir de froid. Je garde en mémoire l'épisode célèbre de la tragique expédition du « Captain » Robert Falcon Scott au pôle Sud, en 1911-1912. Arrivé au Pôle le 17 ou le 18 janvier 1912, il trouve une petite tente et une lettre laissées par son concurrent, le Norvégien Roald Amundsen, qui l'a battu de trente-cinq jours. Au retour, un blizzard prolongé, d'une violence exceptionnelle, empêche Scott et les quatre hommes qui l'accompagnent d'atteindre leur dépôt de ravitaillement. Ils meurent les uns après les autres. Le deuxième est le capitaine Oates. Un pied gelé, à bout de forces, il quitte la tente le matin de son trente-deuxième anniversaire, sur ces mots restés célèbres : « Je sors. J'en aurai sans doute pour un moment. » On n'a jamais retrouvé son corps.

Je sais, pour avoir plusieurs fois flirté avec cette limite fatale, qu'il n'a pratiquement pas souffert. À ces températures, il suffit de s'asseoir, de fermer les yeux… et de se laisser glisser dans les limbes. On n'a même pas mal.

Pour Borge et moi, le seuil critique se situera entre moins quarante-huit et moins cinquante-quatre ; là où commence le processus d'hypothermie. À ce stade, on ne survit pas plus de quelques minutes, dès l'instant où on cesse de marcher.

Les autorités médicales nous avertissent que par moins cinquante, il faut rester à l'intérieur d'une habitation chauffée. Je resterai donc à l'intérieur… de mes vêtements.

Ousland et moi sommes habillés par nos partenaires respectifs.

Ma tenue de marche se décompose comme suit : une fine couche de pure laine, une couche de laine polaire plus épaisse, une couche de fibre synthétique, un pantalon et une parka coupe-vent (les gants sont conçus selon ce même principe). S'y ajouteront un bonnet et un masque antifroid.

Tous les éléments de mon habillement se caractérisent par une même volonté de légèreté, pour me permettre d'avancer le plus vite possible.

Mes sous-vêtements isolants, privilégiant le confort et la facilité de mouvements par grands froids, mes pantalons et parkas me sont fournis une fois de plus par mes fidèles partenaires et supporters de chez Eider. Avec eux, je perfectionne mon équipement vestimentaire, en insistant sur la ventilation. Nous mettons au point l'une des meilleures parkas polaires à ne pas être (pour l'instant) sur le marché. Conçu dans une matière encore plus légère mais tout aussi isolante, notre prototype possède une « cheminée » à la hauteur des épaules ; elle s'ouvre à l'aide d'un zip facile à empoigner, et permet d'évacuer le trop-plein de chaleur corporelle sans se déshabiller. Je fais réduire légèrement la taille des poches, afin d'alléger l'ensemble de quelques précieuses dizaines de grammes. Ramenées à un format qui permet juste d'y introduire mes moufles, ces poches seront par la force des choses moins encombrées, et le vêtement sera plus facile à débarrasser de la glace accumulée.

Reste la fourrure, autour de la capuche. J'en ai toujours porté, car rien n'est plus efficace pour protéger le visage des turbulences de la bourrasque polaire. Je l'ai parfois achetée en Russie, parfois au Canada. Cette fois, je fais appel à l'une des plus anciennes maisons de

Genève, Noël Fourrures, que j'ai connue par mon ami Laurent Albisati. Je sais qu'ils font leur métier proprement et contribuent à la protection des espèces menacées en n'utilisant que des animaux d'élevage.

Les sponsors habituels de Borge nous fournissent la tente, que nous choisissons à double paroi renforcée, en « tunnel », c'est-à-dire à arceaux parallèles, par opposition au modèle « dôme », à arceaux croisés. Je demande simplement à ce qu'elle comporte deux entrées, afin que nous ayons chacun notre « porte » et notre « vestibule » où débarrasser, le soir, nos vêtements et nos chaussures de la neige et de la glace, sans être serrés l'un contre l'autre.

Les équipementiers de mon partenaire nous offrent également les sacs de couchage, les traîneaux en Kevlar renforcé, les chaussures, les bâtons et les skis. Les harnais auxquels nous accrocherons nos luges sont d'un modèle « sac à dos » courant. Les chaussures sont, une fois de plus, assez vastes pour accueillir nos pieds enveloppés de leurs différentes couches protectrices : une chaussette en laine fine, un sac en plastique, une chaussette en laine épaisse, une doublure antibuée, une chaussette en fibre synthétique épaisse.

L'une des particularités de l'Arctique, c'est l'effroyable et indélogeable humidité qui, à cause de l'eau salée, imprègne tout. Elle rend obligatoires certains équipements, comme les doublures antibuée, dont on n'aurait pas besoin dans l'Antarctique où le froid est beaucoup plus sec.

Celles de nos sacs de couchage devront être « soudées » à la lampe (la colle ne tient pas par grands froids) à la paroi interne des sacs, pour éviter que ceux-ci ne se remplissent peu à peu de sueur transformée en glace.

Nos skis sont des modèles Telemark légèrement élargis, avec des fixations Rottefella à trois points et clapets mécaniques simples, faciles à fermer et faciles à ouvrir si on tombe à l'eau. J'avais les mêmes lors de ma précédente expédition. On chausse en avançant le pied dans l'emboîtement métallique ; le clapet se rabat (il suffit de le pousser avec le bâton) au niveau des orteils, ce qui fait remonter trois pointes dans les trois trous prévus à cet effet à l'extrémité de la semelle. Pour déchausser, il suffit de repousser la partie supérieure du clapet. C'est la version mécanique la plus simple du marché, celle qui nous causera à coup sûr le moins de problèmes.

Les skis sont munis de simili-peaux de phoque pour améliorer l'appui et empêcher que le poids du traîneau ne nous fasse glisser à reculons. Ces peaux de phoque ne couvrent qu'environ un tiers de la semelle du ski, pour ne pas gêner la glisse. Elles sont vissées à l'avant dans une cavité pratiquée pour ne pas que les boulons accrochent le sol, et tendues à l'arrière par des câbles abrités sous un petit rabat métallique. Ce système permet de les remplacer, en cas de besoin. Un besoin qui se présentera sûrement. C'est pourquoi nous en emportons deux paires de rechange.

Max, le jeune fils de Borge, peint nos quatre skis en blanc, afin que lui et mes deux filles puissent les décorer.

Nous emportons un ski de marque Salomon, mon sponsor habituel.

Un seul, avec sa fixation. Comme une sorte de roue de secours…

Au lieu de tracter un grand et lourd traîneau, nous en aurons chacun deux « petits », d'un mètre quatre-vingts et d'un mètre quarante, reliés par un mousqueton facile à décrocher, représentant une charge totale d'environ 170 kilos. Deux luges de dimensions réduites se faufilent plus aisément qu'une grande dans les congères et les blocs gelés. Il est plus commode de dégager un petit traîneau, coincé dans un tunnel glacé ou dans un trou, qu'une luge qui fait le double de cette taille et de ce poids. Surtout la nuit. Surtout dans la neige fondue.

Je fournis le réchaud qui nous servira à faire fondre de la neige, à chauffer de l'eau, à décongeler nos repas. Fabriqué à ma demande par Morand, il est identique – en plus grand – à celui que j'ai utilisé en solo, autour du cercle arctique. En outre, celui-ci est extra-stable et possède une capacité accrue à conserver la chaleur.

Petzl met au point spécialement pour nous ce qui sera notre principal instrument de survie au cours des deux prochains mois : nos lampes frontales. Celles-ci fonctionnent avec des piles lithium Ultima capables de durer sept fois plus longtemps qu'une alcaline traditionnelle, et ne subissant qu'une faible déperdition d'énergie due au froid. Les trois niveaux d'intensité lumineuse de nos lampes en consommeront une par jour. C'est pourquoi nous en emportons soixante. (Heureusement, elles sont petites et ultralégères.) Placées sur le sommet du crâne, capuche par-dessus, ces piles sont réchauffées par la tête du porteur; elles permettent de s'allonger et de dormir sans avoir à enlever sa lampe.

Côté communications, j'aurai à ma disposition un équipement spécialement mis au point par Markus Wyss et Pascal Bovet, mandaté par Swisscom Mobile. Ce système me permettra d'envoyer en direct, *via* un Pocket PC et par le biais de mon téléphone satellite, des enregistrements et des images basse définition (elles seront prises en « haute def » et modifiées pour pouvoir être transmises rapidement) à la famille, aux amis, aux sponsors et à tous ceux qui, un peu partout dans le monde, suivront cette expédition sur Internet. J'aurai aussi un *combox*, fourni par Swisscom Mobile, une messagerie qui me permettra de faire quotidiennement un petit résumé verbal de la journée. Ce *news bulletin*, téléchargeable sur mon site Web, sera envoyé en priorité, sous forme de MMS, vers les portables de tous ceux qui auront souscrit un abonnement spécial. On le trouvera également sur mon site Web, réalisé par Mark Turner, le partenaire d'Ellen MacArthur chez Offshore Challenges.

Si nous consacrons autant de temps et de soin, Borge et moi, à chaque élément vestimentaire, à la moindre pièce d'équipement, c'est que notre vie va dépendre à cent pour cent de leur qualité et de leur fiabilité. C'est toute la différence – une différence que les gens ne mesurent pas toujours – entre une expédition *sans* assistance, comme la nôtre, et une expédition *avec*. Dans ce dernier cas, on est suivi par une équipe capable de tout remplacer ou renouveler à la demande.

Pour nous, en revanche, dès l'instant où nous serons partis, tout deviendra irremplaçable !

Une chose, en tout cas, qui ne peut être remplacée pendant la préparation du départ, c'est l'argent !

Étant chargé du financement de l'expédition, je retrouve à Genève mon vieil ami le Sud-Africain Johan Rupert, président du groupe Richemond, pour le convaincre de nous aider. Devant lui et son ami Monty Shadow, j'effectue une présentation illustrée de notre projet. Voyant les dangers qu'il représente, Johan tente de me dissuader :

— Mike, je ne veux pas que tu partes. Après ton tour du cercle arctique, tu n'as plus rien à prouver. (Il me l'avait déjà dit à l'époque.) Laisse tomber ce truc-là, c'est du suicide !

Je lui explique toute l'importance qu'a ce défi à mes yeux, et les raisons pour lesquelles je suis convaincu que Borge et moi pouvons réussir.

Johan comprend que rien ne me fera renoncer.

— Que je t'aide ou pas, dit-il, tu vas y aller. Alors… autant t'aider.

Panerai, le célèbre horloger italien qui fait partie du groupe Richemond, financera le transport de toute l'équipe jusqu'au cap Arkticheskiy, la mise au point de certains équipements, les frais des photographes, etc.

Et, bien sûr, il nous fournira deux montres qui deviendront un peu l'emblème de notre longue marche dans la nuit polaire.

Leur mécanisme baignant dans un liquide étudié, sans contact avec le boîtier pour ne pas geler, est conçu pour résister aux froids extrêmes et au magnétisme des zones polaires. Grâce à leur « lisibilité » nocturne et aux points cardinaux visibles en permanence sur le boîtier, ces magnifiques pièces d'horlogerie feront bien plus que donner l'heure : elles seront d'indispensables outils de navigation. Quand les cristaux liquides des GPS gèleront (les réchauffer nous-mêmes nous prendrait une énergie précieuse), nos montres les remplaceront. Avec le vent et l'orientation des monticules de neige, ce sera le plus souvent l'heure indiquée par nos montres qui nous permettra de nous diriger.

Nous ne les porterons pas autour du poignet car, à moins trente ou moins quarante, le métal gèlerait contre la peau, absorbant par la même occasion notre chaleur corporelle ; le sang deviendrait trop froid pour chauffer le bout de nos doigts, ce qui n'arrangerait pas l'état des miens.

Nous les accrocherons par le bracelet à la bretelle de notre harnais. Ainsi positionnées à la hauteur de la poitrine, elles resteront facilement accessibles et lisibles.

Malgré la contribution substantielle de Johan Rupert, notre budget, quelques semaines avant le départ, n'est pas encore bouclé.

C'est alors que Claude, un homme d'affaires suisse, m'appelle en me demandant... de bien vouloir souhaiter bon anniversaire à la femme de son ami l'entrepreneur Jean-Jacques Miauton devant l'objectif de sa caméra. J'accepte et lui donne rendez-vous à Lausanne, où je dois me rendre. Comme j'ai ma tente avec moi, j'imagine une petite mise en scène qui consiste à en sortir pour adresser à cette fan quelques phrases amicales. Claude lui offrira ces images avec un de mes livres, pour ses cinquante ans.

Ravie de son cadeau, Mme Miauton me remercie peu de temps après en nous invitant à prendre le thé, Cathy (ma femme) et moi. Jean-Jacques m'interroge sur mes projets et me demande où j'en suis, financièrement. Comme je ne lui cache pas que je suis un peu à court, il s'empare d'une feuille de papier où il inscrit : « Bon pour un voyage au pôle Nord »... avec un chiffre conséquent.

Les hasards de la vie, l'inventivité des rencontres... Tout ce que j'aime et que j'ai toujours eu la chance de susciter.

La preuve, aussi, que le *sponsoring* peut revêtir les aspects les plus inattendus.

Ne reste plus qu'à prévoir de quoi m'alimenter pendant cette longue et glaciale nuit. Rappelons que par grands froids, c'est le corps qui réchauffe les habits, et non l'inverse ; c'est l'organisme qui crée entre les épaisseurs de tissu des couches d'air chaud isolantes et protectrices. Pour que ma chaudière personnelle fonctionne à plein, je devrai consommer sept mille calories par jour, soit un kilo deux cents grammes de nourriture ! Multiplié par soixante-dix jours – les soixante de notre trajet estimé, plus dix de sécurité –, cela donne un total d'un peu plus de quatre-vingt-dix kilos de rations alimentaires à ajouter au reste de la cargaison !

Après avoir étudié avec un nutritionniste les moyens éventuels d'embarquer le maximum de calories en me chargeant le moins possible, j'en arrive à la conclusion que, si ces moyens existent, rien ne vaut les graisses naturelles, huiles et autres sucres lents.

Cathy et les filles se mettent aux fourneaux pour préparer mes futurs menus et mettre sous vide soixante-dix repas ultracaloriques ! À quoi s'ajoutent des suppléments énergisants, offerts par Nestlé Nutrition, et cinq kilos de chocolat, cadeau de Villars. À l'usine, on me remet une impressionnante quantité de beurre de cacao, retiré du produit fini pour éviter que celui-ci ne soit trop riche pour le consommateur. Cathy s'empresse de faire fondre le tout et de réintroduire le beurre de cacao dans le chocolat.

La cuisine de la maison de Château-d'Œx ressemble à l'atelier du père Noël. Comme avant mon départ pour Arktos, des petites mains s'activent à cuire, préparer, assaisonner, découper, mettre sous vide à l'aide de l'appareil prévu à cet effet… le tout dans une enivrante odeur de chocolat.

Je ne m'occupe pas de la nourriture de Borge, il ne s'occupe pas de la mienne. De cette manière, nous nous garantissons le maximum de confort et nous assurons que notre alimentation produira un effet cent pour cent positif et énergisant. Ainsi, pas de danger, pour l'un, d'être indisposé par une ration alimentaire étudiée pour le métabolisme de l'autre.

Trois jours avant le départ, Daniel Rizzato, le patron de Noël Fourrures livre ma parka, la capuche ornée d'une superbe toison de loup. La perfection de ce travail de haut artisanat – la couture doit impérativement tenir jusqu'au Pôle – est à l'image de tout ce que les uns et les autres m'apportent. Plus que de l'argent, plus que du matériel, plus que du temps et du labeur : un enthousiasme et une passion qui rejoignent les miens.

Leur manière à eux de partir, un peu, avec moi.

Les dernières semaines, je m'entraîne pour affûter ma condition physique. Il ne s'agit pas d'atteindre un niveau olympique, mais d'être en forme. Le succès tiendra à la volonté et à la détermination avant tout. Mais le corps doit pouvoir suivre ; relever les défis que je lui imposerai. S'il en est capable, le cerveau ne pourra pas dire « non, je ne peux pas ». C'est donc pour m'assurer une sorte de garde-fou psychologique que je m'entraîne physiquement. Mais cet entraînement ne représente pas plus de dix à vingt pour cent de ma préparation.

Une préparation que j'aurai effectuée seul, du début à la fin.

Pendant toute cette période de réflexion, de recherche de partenariats, de mise en condition physique et psychologique, Borge et moi ne nous sommes pas vus une seule fois.

Nous n'avons pas échangé un seul coup de téléphone.

Est-ce parce que cette aventure, au-delà du travail

d'équipe, est aussi une compétition ? Et que nous la préparons séparément, sans presque rien changer à nos habitudes ?

Toujours est-il que chacun de nous a travaillé comme s'il devait partir seul.

Et comme s'il devait être prêt à survivre seul.

5

Norilsk blues

Nous nous retrouvons à l'aéroport de Moscou le 8 janvier 2006. Borge vient d'Oslo en compagnie de Kjell Ove Storvik, son photographe. J'arrive de Suisse avec le mien, Sebastian Devenish.

Depuis que nous sommes tombés d'accord pour nous lancer ensemble dans cette aventure, nous avons rompu tout contact, Borge et moi. Nous ne nous sommes revus que la semaine dernière, chez lui, près d'Oslo, où je suis allé prendre livraison de mes skis. Nous en avons profité pour passer rapidement le matériel en revue.

À nous deux, nous avons quatre cents kilos d'équipement et de matériel ! Une petite fortune en frais d'excédent de bagages, avant même d'approcher du lieu de départ de notre expédition.

Des heures de paperasse et de formalités douanières. La foule, à travers laquelle notre imposante cargaison se fraye difficilement un passage… Dehors, le froid humide de janvier, la neige, la nuit… un petit avant-goût *soft* et légèrement déprimant de ce qui nous attend.

Nos pousseurs de chariots tentent de nous extorquer plusieurs centaines de dollars. En vain. Bien essayé quand même.

À l'hôtel Varsovie, nous retrouvons Victor.

Mon vieil ami Victor Boyarsky est spécialisé dans l'organisation d'expéditions de l'extrême en territoire russe ou sibérien. Expert ès formalités, magicien à qui les problèmes les plus complexes ne résistent pas (il me l'a souvent prouvé), il possède un carnet d'adresses qui ne tiendrait pas dans le bottin de New York. En outre, il a lui-même une solide expérience du terrain, ayant, entre autres, traversé l'Antarctique avec Jean-Louis Étienne. Directeur célèbre d'un musée de l'Arctique et de l'Antarctique situé à Saint-Pétersbourg, Victor est un initié qui partage notre « philosophie » du Grand Nord. J'ai en lui une telle confiance que je lui confierais ma vie.

D'ailleurs, je l'ai déjà fait.

Victor travaille avec la société Polar Expeditions Ltd, et la compagnie aérienne Taymir Air.

Il y a peu, la plupart des expéditions polaires partaient de Khatanga, petite localité située au nord-est de Norilsk. Mais les infrastructures locales se sont dégradées ; la logistique (aérienne, surtout) n'a plus suivi, obligeant les candidats à la conquête du Pôle à changer d'itinéraire.

Notre plan de vol suivra donc un axe Norilsk-Dickson-Sredniy.

Nous quitterons Norilsk à bord de deux hélicoptères qui feront une escale et le plein à Dickson… Dans un flash, je revois l'hôpital délabré de cette petite ville, où l'on m'a transporté après m'avoir récupéré sur la banquise, les doigts gelés, à deux semaines d'atteindre le pôle Nord. J'ai une pensée émue pour l'ogresse velue déguisée en infirmière qui m'a un jour bouchonné à la paille de fer, empoigné comme un sac et jeté dans l'eau chaude et une pensée moins chaleureuse pour le chirurgien fou que j'ai empêché de justesse de m'amputer.

L'hélico quittera Dickson pour nous déposer à Golomiyanniy, une ancienne base militaire soviétique transformée en station météo, sur l'île de Sredniy. De là, il n'y aura plus que deux heures de vol jusqu'au lieu de départ de notre expédition : le cap Arkticheskiy.

Le « cap » est une sorte d'île, un morceau de glace situé dans le prolongement de Sredniy, un bout du bout du monde... où il est rigoureusement interdit aux hélicos de se poser !

L'emplacement qui fait office d'héliport « officiel » se trouve à une quinzaine de kilomètres en arrière. Or notre expédition s'annonce assez dure sans qu'on y ajoute une marche forcée de 15 kilomètres, en guise d'échauffement.

Il va falloir négocier serré.

À toutes fins utiles (et je sais qu'elles le seront), je transporte un sac rempli d'un véritable matelas de dollars ! Un vrai butin de *cartoon*, que je cache dans le faux plafond de ma chambre d'hôtel moscovite.

Aujourd'hui que tout fonctionne dans le cadre plus réglementé et plus surveillé d'une économie néolibérale, les Russes sont, paradoxalement, moins libres qu'ils ne l'étaient sous la dictature soviétique de traficoter au quotidien. Pour compenser, ils doivent gagner plus d'argent, plus vite, s'ils veulent se constituer un capital, payer des études à leurs enfants, etc. Leur objectif commun est de toucher le gros lot en un seul gros coup. Le long terme, l'épargne salariale, ils ne connaissent pas. Ici, c'est : « Prends un maximum d'oseille et tire-toi. »

Résultat, un système auquel on finit par s'adapter et qui se définit en une phrase : en Russie, rien ne marche, mais tout marche. En clair : tout est possible, si on y met le prix.

On sait d'avance, quand on se lance dans une

expédition comme la nôtre, qu'on ne se contentera pas de payer de sa personne. Et qu'il ne s'agira pas d'être près de ses sous.

L'étape moscovite est marquée par un « incident » significatif : en dressant autour d'une table l'inventaire de notre matériel, nous découvrons que Borge a oublié le drapeau norvégien qu'il doit planter sur le Pôle. Pour moi, ce drapeau est hautement symbolique, et pas seulement parce qu'il représente notre pays d'origine. À l'image du « témoin » que portent les relayeurs du quatre fois cent mètres, on s'en empare solennellement, dans un but précis. En ce qui me concerne, déposer ce drapeau dans mon paquetage n'était que le début d'un geste qui s'achèverait en le plantant sur le Pôle. Ce bout de tissu incarne la réussite de notre expédition.

Un étudiant en première année de psychanalyse interpréterait cet oubli, de la part de Borge, comme un inconscient désir d'échec. Une hypothèse que je ne veux même pas envisager. Avec l'aide de son ambassade, Borge se procure l'indispensable étendard.

Il est plus petit que le mien. Et ça, ça veut dire quoi ?

Le lendemain de notre arrivée à Moscou, après avoir vidé une bouteille de vodka pour fêter le départ, nous nous envolons pour Norilsk.

Les vols commerciaux étant quasi inexistants, la plupart des liaisons aériennes sont gérées par la société Norilsk Nikel, principal employeur de la région. La métropole sibérienne est interdite aux étrangers, à l'exception de ceux qui ont reçu une « invitation » d'un résident. Heureusement, Victor Boyarsky a défriché pour nous le labyrinthe administratif des autorisations spéciales, permis exceptionnels et autres sauf-conduits (que nous n'avons plus eu qu'à payer). Sans diminuer ses mérites, il faut préciser que les Russes, connaissant la médiatisation de notre aventure et désireux d'éviter toute mauvaise pub, ont fait preuve, pour une fois, d'un relatif esprit de coopération.

Le vol Moscou-Norilsk est une expérience à décommander aux natures sensibles.

L'avion qui s'arrache péniblement du tarmac, ce 9 janvier 2006, et prend lourdement son envol ne passerait plus depuis longtemps les tests de sécurité des pays les moins regardants. Sièges cassés, dépouillés de leur garniture, ceintures de sécurité disparues… Les mineurs et autres travailleurs du nickel qui s'entassent dans l'appareil en ont vu d'autres. Nous aussi.

Norilsk, où l'avion ne reste que le temps d'embarquer une autre fournée de passagers (la relève des mineurs) avant de repartir pour Moscou, est la première des trois frontières que nous aurons à franchir avant d'arriver à notre point de départ. Les deux autres seront Dickson et Golomiyanniy. Chaque fois, ce sera le même cérémonial pesant et interminable : soldats, fonctionnaires, documents à remplir, paperasses et tracasseries en tout genre… jusqu'à la prochaine. N'importe quel Russe vous le dira : dans ce grand et beau pays, la patience est la première des qualités.

Comme prévu, les gardes-frontières montent à bord pour, après inspection des papiers, confirmer – ou non – l'autorisation de débarquer.

Quand arrive notre tour, c'est *niet*. Nous ne possédons pas les autorisations nécessaires et n'avons rien à faire ici. On nous intime l'ordre de rester à bord et de repartir illico pour Moscou.

Victor obtient qu'on nous laisse au moins descendre. Un bus brinquebalant nous fait parcourir les 50 mètres séparant l'avion des baraquements de l'aéroport. À cette latitude et à cette époque de l'année, il fait déjà moins quarante-cinq degrés ! Un froid et une nuit polaires qui n'ont rien pour égayer l'humeur générale. Nos bagages sont entassés sur une chenillette militaire ; Borge, Victor, Sebastian, Kjell Ove et moi nous trouvons dans un petit bureau aussi chaleureux qu'une salle d'interrogatoire de l'ex-KGB : porte blindée dont l'ouverture électrique est actionnée à distance après identification, aboiements en russe résonnant dans les couloirs… toute une époque !

En négociateur expert des démêlés avec tout ce qui porte un uniforme, Victor joue de sa notoriété, sort de son sac à malice les livres qu'il a publiés, tire des salves de noms connus… Le gradé qu'il a en face de lui ne veut rien savoir. Victor argumente avec frénésie, tâche de gagner du temps, pour que l'avion reparte sans nous…

Enfin, l'appareil décolle. Nous sommes coincés ici au moins jusqu'à demain. Victor sourit dans sa barbe blonde. Ces vingt-quatre heures de répit – même si on ne sort pas de ce bureau – vont nous permettre de rebondir.

Cette comédie pourrait faire sourire. N'empêche que si on se fait renvoyer dans nos foyers avant d'avoir mis un pied sur la banquise, on aura l'air malin…

C'est finalement en implorant l'indulgence du jury pour notre inconscience et notre impardonnable légèreté que nous débloquons la situation.

Dans le hall d'arrivée nous attendent Alexander Orlov, le patron de la base logistique polaire russe de Barnéo, et sa femme. L'inévitable bouteille de vodka surgit pour fêter les retrouvailles d'Alex et de Borge.

Les deux hommes se connaissent depuis longtemps. Durant les mois d'été, il arrive à Borge d'emmener des clients de Barnéo jusqu'au Pôle, sur une centaine de kilomètres. À l'occasion des soixante ans d'Alexander, à Moscou, Borge et lui ont commencé à travailler sur notre projet.

Vu la date de notre départ et celle prévue de notre arrivée au Pôle (le 23 mars), nous allions atteindre Barnéo avant que Barnéo n'existe. En effet, cette base temporaire, composée d'un assemblage de tentes, n'est là que quelques semaines par an à partir de début avril. Elle sert de point de départ pour les voyageurs qui veulent atteindre le Pôle et assure le soutien logistique des expéditions polaires. Son maintien pendant cette courte période revient à un million huit cent mille dollars. C'est le « tourisme de l'aventure » – essentiellement les gens qui se font amener ici pour gagner ensuite le Pôle – qui rentabilise l'affaire.

Nous avons obtenu des Russes qu'ils montent leur campement un peu plus tôt que d'habitude. De notre côté, nous emporterons dix jours de rations supplémentaires : soixante-dix jours en tout. De quoi attendre sur place, au cas où l'installation serait retardée pour une raison quelconque.

Barnéo sera située plus près du Pôle que d'habitude (une cinquantaine de kilomètres), ce qui raccourcira l'aller-retour des hélicos lorsqu'ils viendront nous récupérer. Cela facilitera également la réalisation d'une idée que nous avons derrière la tête : permettre à un groupe de sponsors, de partenaires et d'amis de venir nous retrouver à Barnéo et, de là, de faire en notre compagnie un mémorable « saut de puce » jusqu'au pôle géographique[1].

Nous obtenons enfin que les hélicos commencent à transporter le matériel sur place et que les travaux de

1. Les amis nous rejoindront à Barnéo, mais le « saut de puce » n'aura pas lieu pour cause de mauvais temps.

construction de la base débutent aux premiers rayons du soleil.

Bien évidemment, toutes ces « concessions » ont un prix. Et les prix, comme j'ai souvent eu l'occasion de le constater, sont directement liés à la latitude : plus on monte, plus c'est cher. Or la latitude dont on parle est très élevée…

En outre, pour d'évidentes raisons de sécurité, les hélicos ne sont pas autorisés à voler seuls, dans l'Arctique, en hiver. Ils doivent obligatoirement évoluer par deux. Ce qui double les frais.

Dehors, une neige vitrifiée par le froid crisse sous les semelles. Transfert de notre équipement à bord d'un camion. Direction Norilsk, par une route qui, même si je l'emprunte pour la première fois, a un petit air de déjà vu : je suis passé au nord de la ville, à la fin de l'hiver, pendant mon tour du cercle arctique ; l'hôtel où nous nous installons est celui où Cathy et les filles étaient descendues, ainsi que les nombreux journalistes que j'avais fait venir ici pour un point presse.

Si tout se passe comme prévu, c'est dans une nuit et deux jours que nous nous envolerons pour Dickson.

Sans perdre une minute, nous commençons à préparer l'équipement.

Il faut tout « check-lister » une nouvelle fois, tout sortir, tout vérifier et contre-vérifier, effectuer d'ultimes mises au point sur les traîneaux, quelques retouches à la tente, ajuster nos doublures en plastique antibuée à nos sacs de couchage.

La benzine destinée à remplir les bidons de fuel que nous avons apportés vides – impossible de prendre l'avion avec des liquides explosifs et inflammables – devait nous être livrée directement ici. Malheureusement, elle n'est pas arrivée. Au lieu de perdre un temps précieux à la chercher, nous nous rabattons sur du B-70 russe qui fera aussi bien l'affaire.

Borge, lui, reçoit un 44 Magnum qui a été expédié ici à son intention voilà déjà plusieurs mois. Mon camarade n'est pas un fou de la gâchette, mais il n'envisage pas de s'aventurer sur la banquise sans cette arme, destinée à le protéger contre toute attaque soudaine d'un ours polaire.

Chacun ses petites manies…

Je suis plus déconcerté par d'autres mesures de précaution qu'il tient à prendre, comme celle qui consiste à effectuer de gros travaux de renforcement sur ses chaussures.

— Comme ça, dit-il, on gagnera du temps, puisqu'on n'aura pas à faire de réparations par la suite.

N'aurait-il pas confiance en son équipement (qui, en l'occurrence, est aussi le mien) ?

— Si, répond-il sans rire, mais mes semelles se sont déjà décollées en cours de route.

C'est arrivé il y a deux mois, en effet, alors qu'il conduisait un groupe vers le pôle Sud ! Quand il s'est plaint au fabricant, celui-ci, très zen, lui a répondu que ça venait sans doute de leur nouvelle colle ! Borge a donc exigé qu'on retravaille cet équipement de façon que l'incident ne se reproduise pas.

Mais apparemment, il n'a pas retrouvé une confiance totale en la solidité de ses chaussures…

Il m'enjoint de faire comme lui : trouer à la perceuse manuelle la partie avant de mes semelles et de la coque de mes bottes pour les coudre ensemble au filin de parachute, car la colle ne résiste pas aux froids extrêmes. Bien que je n'aie aucune envie de consacrer des heures à cet exercice fastidieux, je m'exécute. Jamais auparavant mes chaussures ne se sont ouvertes en deux en pleine banquise. Mais il y a des première fois qu'il est préférable de tout faire pour éviter.

Les cartes satellites sur lesquelles nous étudions le début de notre parcours font apparaître de nombreuses étendues d'eau libre, ouvertes par la température exceptionnelle qu'il fait là-haut en ce moment : à peine moins quinze ! Ce phénomène s'ajoute à un autre, plus normal : la proximité de la mer, qui réchauffe l'air ambiant. Celui-ci est toujours beaucoup plus froid à l'intérieur des terres – d'où l'écart spectaculaire entre la température à Norilsk et celle des abords de la banquise.

En outre, la glace n'acquiert sa véritable épaisseur qu'après six à huit mois de froid intense. Au début de l'hiver, elle est encore mince et fragile.

Bref, au-delà du cap Arkticheskiy, ce n'est pratiquement que de l'eau ! Un bout d'océan Arctique habituellement gelé en hiver, mais qui ne l'est pas en ce moment... et sur lequel il faudra marcher pour rejoindre la banquise.

Heureusement, la météo annonce des tempêtes, des vents et des courants contraires qui devraient ressouder la glace. La contrepartie, ce sera un effet « tapis roulant » qui nous fera avancer... en reculant.

Il est souvent préférable d'attendre que les vents retombent, quitte à devoir faire un peu de navigation... Mais la patience est la seule chose dont nous ne possédons pas des réserves confortables.

Nous décidons de compléter notre équipement avec un canot pneumatique. Victor déniche un magasin d'articles de plein air, Toundra, qui possède en stock des ressources insoupçonnées. En Russie, où tout est possible si on a les moyens, nous pourrions sans doute acquérir les canots de sauvetage de l'avion qui nous a amenés jusqu'ici. Mais nous trouvons notre bonheur, un de ces pneumatiques style Zodiac, que les clients locaux achètent pour aller pêcher, en été, sur les nombreux lacs de la région. Puisque nous insistons, on veut bien nous en céder un pour une somme « raisonnable »...

Nous choisissons le modèle qui nous semble à la fois le plus résistant, le plus léger et le plus confortable, en sachant que ce genre d'esquif ne nous offrira qu'une protection relative. Si une tempête le renverse, c'est la fin de l'expédition. Peut-être la nôtre. Dans l'eau glacée, sans combinaison étanche, l'espérance de vie est estimée à dix minutes...

Le 15 janvier, nous sommes toujours à Norilsk, où nous poireautons depuis le 9. Or c'est aujourd'hui que nous avions prévu de nous élancer du cap Arktícheskiy.

Nous avons eu le temps de « check-lister », de vérifier et de contre-vérifier plusieurs fois la totalité de l'équipement. Notre fuel a fini par arriver ; le « Zodiac » s'avérera, c'est sûr, un plus décisif. Impossible d'être mieux préparés que nous ne le sommes. Je crois même qu'on est plus affûtés qu'aucune autre expédition polaire avant nous.

On n'a plus qu'à partir.

Hélas ! tant que la météo ne s'améliore pas, les hélicos sont inutilisables.

On tourne en rond... Histoire de s'occuper, on colle avec application – et en prenant notre temps – les logos de nos sponsors sur la coque jaune de nos traîneaux.

Soudain, un coup de téléphone : nous décollons demain à 10 heures pour l'île Sredniy !

Un hélicoptère MI8 nous déposera, avec nos 400 kilos de fret, sur l'ancien aéroport militaire, devenu celui de la station météo de Golomiyanniy. Là, nous attendrons qu'un autre hélico nous emmène au cap Arktticheskiy.

On devrait y être le 17.

La glace morcelée par les rafales, qui dérivait à une vitesse de 2 à 4 kilomètres par heure autour du cap, s'est reformée, depuis que les vents et les températures sont retombés. Mais on peut s'attendre à de la glace très instable sur les 115 premiers kilomètres, au moins. Et si le thermomètre s'obstine à flotter au-dessus de la normale, le pneumatique pourrait être utiles plus tôt que prévu...

C'est précisément cette surface, tout en plaques gelées flottantes, mouvantes et instables, se dérobant sous les skis, truffée de pièges liquides, qui constitue le terrain de jeu privilégié de Borge. Là-dessus, il est comme un poisson dans l'eau. Mon expérience en la matière est plus limitée, car, pendant la partie sibérienne de mon tour du cercle arctique, j'avais presque toujours le choix entre l'océan et la terre ferme. Quand la glace du premier devenait impraticable, je me réfugiais sur le permafrost de la seconde.

Malgré l'expertise de Borge, le doute et l'interrogation sont largement perceptibles chez tous ceux que nous rencontrons. Est-ce que ces deux-là, se demandent-ils, savent vraiment dans quoi ils s'aventurent ?

Personne, à vrai dire, n'est prêt à parier un rouble sur nos chances de réussite. Le *National Geographic Adventure* nous consacre un papier intitulé « Le couple mal assorti de l'Arctique », dont la tonalité générale est franchement pessimiste : « L'un (Borge) planifie ses expéditions dans le moindre détail ; l'autre (moi) préfère improviser. Au moment où ils s'apprêtent à s'élancer ensemble vers le Pôle, dans la nuit permanente de l'hiver arctique, on se demande si leurs méthodes radicalement différentes se révéleront complémentaires... ou fatales ? »

Un autre journaliste s'interroge : « Les deux plus grands explorateurs solitaires vivants peuvent-ils partager une tente pendant deux mois sans se rendre mutuellement fous ? »

Un aventurier canadien, Richard Webber, m'en remet une louche.

« S'il y a un homme au monde capable de réussir un tel exploit, dit-il, c'est Borge Ousland. Je suis moins sûr de son partenaire. Je ne connais pas ce Horn. Il pourrait bien se révéler le maillon faible de l'équipe. »

Ça, c'est le genre de remarque qui ne fait que renforcer ma détermination. Pas question de donner à ceux qui ne croient pas en moi la satisfaction de se vanter d'avoir prédit mon échec.

Quant à ceux qui ont confiance en moi – Cathy, les filles, les amis, les sponsors, tous ceux qui m'aident et me soutiennent d'une manière ou d'une autre –, il va sans dire qu'ils me donnent encore plus envie de réussir.

De toute façon, tout le monde sera fixé d'ici une soixantaine de jours… quand on sera morts ou vainqueurs.

Dans une nuit fantomatique, nous quittons enfin Norilsk, en suivant la fumée d'échappement des deux camions militaires qui transportent notre équipement. Il fait moins quarante-cinq et sur l'héliport au sol gelé, nos deux hélicoptères attendent, perçant difficilement la nuit de leur projecteur unique. Ici, on laisse tourner les moteurs des voitures au ralenti six mois par an : si on les arrêtait, ils gèleraient.

Peu de temps après, collé au hublot, je reconnais dans la pénombre un territoire situé au nord de Norilsk que j'ai traversé d'est en ouest deux ans plus tôt. Je le franchis de nouveau, verticalement cette fois.

6

Le point de non-retour

Dickson. Notre deuxième frontière. À nouveau, les gardes armés montent à bord (de l'hélicoptère, cette fois) pour vérifier nos passeports, laissez-passer, documents divers. Pour accélérer les démarches administratives, Victor offre aux gardes-côtes – sous-équipés comme tous les fonctionnaires du pays – un scanner qui leur facilitera grandement le travail. Les formalités s'en trouvent nettement accélérées.

Ça s'arrose – à la vodka, bien sûr –, sans même quitter l'hélico. Deux bouteilles plus tard, nous sommes officiellement libres de poursuivre notre route.

Troisième frontière : la petite station météo de Golomiyanniy, où, après les formalités d'usage, nous passons deux jours en *stand-by* pour cause de tempête. Elle se compose de deux sinistres baraques en planches : une pour la station, l'autre servant de « résidence » à ses deux opérateurs. Perdu au milieu de l'immensité glaciale, cet ensemble qui remonte à la guerre froide ferait un décor idéal pour un film d'horreur.

Je jette mon barda dans une pièce. Sebastian Devenish, mon photographe, m'imite. Borge et Kjell Ove, son preneur d'images attitré, en font autant de leur côté.

Je prends conscience que Borge et moi n'avons

encore jamais dormi dans la même chambre... À plus forte raison partagé une tente !

Comment va-t-on gérer nos soixante jours (minimum) de cohabitation forcée dans deux mètres carrés ? Mystère. Une chose est certaine : ce ne sera pas la moindre de nos épreuves.

Nous attendons à la fois l'autorisation officielle de partir et une météo favorable. Bien que le vent ne cesse de souffler en rafales et ne semble pas près de se calmer, bien que la bureaucratie russe traîne encore les pieds, nous voulons croire que le départ est imminent. Peut-être même pour aujourd'hui. Pour forcer le destin, nous gonflons notre canot pneumatique. À tout hasard...

Sans être à quelques jours près, on ne peut pas se permettre d'attendre indéfiniment. La course contre la montre est déjà engagée. Ou, plus exactement, contre le soleil. Il se lève dans soixante jours. C'est, en gros, le temps qu'il nous faudra pour atteindre le Pôle.

Borge et moi occupons nos heures d'insomnie à déballer, vérifier et remballer une fois de plus la totalité de notre équipement, passer de nouveau en revue le plus infime détail.

L'immobilité forcée me « prend la tête ». Je me torture avec des problèmes qu'il sera toujours temps de gérer (la glace fine et morcelée), ou des questions telles que : comment trouver de l'eau potable sur cette banquise d'eau de mer ? Surtout les premiers temps, où nous évoluerons sur de l'eau salée avec très peu de glace et pratiquement pas de neige...

En prévision, nous remplissons d'eau douce quelques canettes de bière d'un demi-litre et divers récipients, ce qui nous procure une vingtaine de litres de glace. Dans ses contenants éclatés sous sa poussée, elle nous fournira une réserve d'eau douce, aisément transportable et facilement accessible.

Nous remplissons aussi nos bouteilles de fuel grâce aux bidons de cinq litres de benzine livrés tardivement à Norilsk, que nous avons apportés jusqu'ici tels quels. Nous effectuons cette opération à l'extérieur, à une température relativement proche de celles que nous connaîtrons en cours de route ; cela afin d'éviter que le fuel – un liquide que les modifications thermiques font changer de volume – ne gonfle en cours d'expédition, ce qui pourrait avoir des effets catastrophiques à l'ouverture des bouteilles. J'en ai fait la cruelle expérience dans le Grand Nord canadien, quand la benzine sous pression a giclé d'une de mes bouteilles, remplie dans un lieu chauffé. Le fuel est entré en contact avec la veilleuse de mon réchaud, et le feu a pris dans ma tente. En quelques instants, j'ai perdu la quasi-totalité de mon équipement et j'ai failli mourir carbonisé.

Une douloureuse expérience que je n'ai aucune envie de revivre.

Le jour où nous obtenons enfin l'autorisation de partir, les gardes-côtes, qui nous délivrent en même temps nos passeports, décrètent qu'au préalable, nous devons absolument apprendre à tirer ! Le prétexte étant, bien sûr, de nous défendre contre les ours polaires. La vérité est moins héroïque et plus joyeuse. Nos amis ont trinqué avec nous aux formalités réussies (en Russie, ça mérite toujours d'être fêté) et ils ont descendu plusieurs bouteilles de vodka. Dans l'euphorie qui suit ces libations, l'envie leur est venue de rigoler un peu (à Golomiyanniy, ce n'est pas tous les jours). Les voilà qui alignent dans la neige une douzaine de bouteilles vides… et nous tendent leurs kalachnikovs ! La scène est surréaliste : Borge et moi, en pleine nuit, fusil-mitrailleur en main, flanqués de plusieurs soldats russes en uniforme, visant une rangée de bouteilles que nous ne distinguons qu'à la lueur de nos lampes frontales ! Heureusement, nous sommes tous les deux d'anciens membres des forces spéciales de nos pays respectifs et nous savons nous servir d'une arme. La démonstration est efficace et convaincante : nous sommes bons pour affronter les ours.

Même si, entre parenthèses, je ne me vois pas, mais alors pas du tout, en train de tirer à la kalachnikov sur eux !

Enfin, le 17 janvier dans la matinée, on nous annonce que nous nous envolons pour le cap Arkticheskiy dans quelques heures.

Il paraît que les vents du sud, soufflant à 8-9 mètres par seconde, ont morcelé la glace autour du cap, et que les blocs dérivent jusqu'à 82° de latitude nord. De plus, il neige et il ne fait « que » moins vingt ; c'est là-bas beaucoup trop chaud pour permettre à la glace de se solidifier suffisamment. Enfin, une épaisse couche de nuages recouvre le secteur et rend l'obscurité encore plus dense…

Fébrilement, nous emballons notre équipement, nous nous habillons comme des astronautes (ou plutôt des cosmonautes, vu que nous sommes en Russie) prêts à se rendre sur le pas de tir… Le cœur qui accélère déjà… Et Victor qui débarque. Il vient de parler aux pilotes. Finalement, impossible de décoller de Golomiyanniy. Le départ est reporté.

Retour aux baraquements, déshabillage, déballage du matériel… et processus inverse le lendemain, en vue d'un décollage imminent.

Annulé, lui aussi.

Chaque fois, c'est le même cycle d'excitation-frustration. Le cœur qui accélère, les nerfs qui se tendent : la dernière fois qu'on mange entre quatre murs, la dernière chance d'utiliser des toilettes qui ressemblent à des toilettes, la dernière… Et puis, rien. Une sorte de coït interrompu, à la fois frustrant et fatigant.

Pour nous détendre, les Russes nous offrent un *banya* : dans une baraque en planches, ils font monter la température au maximum pour transformer l'endroit en sauna. Quand nous sommes « cuits à point », Borge et moi nous précipitons dehors par moins trente, entièrement nus, pour nous rouler dans la neige et nous livrer à une partie de catch, histoire de rire un peu. Puis, retour dans l'atmosphère surchauffée du *banya*. Rien de tel pour faire circuler le sang, éliminer les toxines… et le stress.

C'est le 20 janvier que le vent se décide à tomber et que nous partons enfin.

Mais les pilotes expriment soudain des réticences à l'idée de devoir nous déposer tout au bout de l'île, là où le cap fait place à la banquise et à la mer, c'est-à-dire bien au-delà de leur aire d'atterrissage « officielle ». Cela implique pour eux de devoir voler dans le noir et, dans ce coin hostile et dangereux, ils n'aiment pas ça du tout.

On s'attendait, Borge et moi, à devoir discuter ce point précis. On répond aux pilotes qu'on les comprend, mais on leur rappelle avec force qu'ils ont signé un contrat et qu'on leur a payé une petite fortune (moitié en liquide, moitié par virement), dont une partie non négligeable est censée couvrir le *stand-by*, c'est-à-dire le temps éventuellement passé à nous attendre ! (Somme que nous ne reverrons jamais, que les pilotes nous attendent ou pas.) Bref, nous avons rempli nos obligations, il est temps, pour eux, de remplir les leurs !

C'est toujours *niet*. Ils sont en position de force et ils le savent. Je n'ai plus qu'à faire appel à notre arme secrète : Victor Boyarsky. Victor contacte nos pilotes et entreprend de les convaincre pour qu'ils révisent leurs positions.

Je ne saurai jamais comment il s'y est pris (ni ce qu'il leur a promis). Mais la magie opère, une fois de plus.

L'appareil – suivi de près par son jumeau – nous emporte dans la nuit sibérienne avec nos deux photographes et notre chargement. Ronflement des rotors. Borge et moi sommes serrés l'un contre l'autre dans l'habitacle. Il fait aussi sombre dedans que dehors et on ne se voit pratiquement pas, dans cette obscurité où luisent les voyants lumineux du cockpit.

Deux heures de vol durant lesquelles peu de mots sont échangés. Le bruit des moteurs rend la conversation difficile. Chacun s'absorbe dans ses pensées. Une conversation que j'ai eue avec Borge, il y a quelques jours, me revient en mémoire.

— Pourquoi le pôle Nord ? lui ai-je soudain demandé. Je veux dire : pourquoi *encore* ? Après tout, tu y es déjà allé en partant du Canada, en partant de Sibérie ; tu l'as traversé en reliant les deux… Finalement, qu'est-ce que cet endroit a de tellement spécial pour que tu y retournes sans arrêt, comme attiré par un aimant ?

Son œil s'est allumé quand il m'a répondu, très vite :

— La magie.

— Quoi ?

— C'est impossible à expliquer. Tu comprendras quand tu y seras.

Je souris en fermant les yeux.

On s'endort, on se réveille… On scrute la nuit par le hublot, tâchant vainement d'apercevoir quelque chose. La gorge serrée, j'éprouve ce mélange de trac et d'excitation qui accompagne toujours les grands départs d'expéditions. Et je sais que Borge, malgré tout son « métier », ressent la même chose.

C'est l'arrivée en haut du plongeoir…

Quand on parle de courage… c'est peut-être là qu'il en faut le plus : à ce moment charnière où on aurait encore le choix.

Mais l'avons-nous encore ? Nous sommes d'ores et déjà au-delà de l'engagement total. Et la question « Qu'est-ce qu'on fait là ? » ne se pose plus, puisque nous y avons répondu… en étant là. Non par goût du danger, mais par goût du challenge qui consiste à vaincre ce danger. Quand on a vu ce que j'ai vu, vécu ce que j'ai vécu, on a forcément de bonnes raisons d'être là où l'on est.

Trouver le cap Arktícheskiy dans la nuit complète est une tâche quasi impossible. Les pilotes n'y arrivent que grâce au GPS. Nous poussons un peu au-delà, pour repérer les étendues d'eau libre – si nombreuses qu'il sera sans doute impossible de ne pas faire une partie du chemin à la nage. La glace, elle, semble relativement praticable. Les récents vents d'ouest l'ont partiellement collée à la péninsule, formant une sorte de pont sur lequel nous allons pouvoir avancer.

Plus d'excuses, donc, pour remettre notre départ.

Dès l'ouverture des portes, nous constatons l'étrange « coup de chaud » que connaît en ce moment la Sibérie septentrionale : au mois de janvier, à 1 000 kilomètres du pôle Nord, il fait à peine moins dix ou moins douze ! Récemment, le thermomètre est même monté jusqu'à moins cinq, ce qui est rarissime dans cette région, en cette période de l'année !

Cette altération du climat ne fait que confirmer les prévisions les plus alarmistes concernant les conséquences du réchauffement planétaire, dont peu de gens ont réellement conscience. Je sais depuis longtemps que c'est le devoir de quelques-uns, dont je fais partie, de contribuer à éveiller le grand public à ces questions vitales pour notre avenir. Avant qu'il ne soit trop tard…

Le paysage fantomatique du cap évoque une planète vitrifiée par une nuit éternelle.

C'est dans cet environnement-là que nous allons évoluer, à partir de maintenant.

Les pilotes nous aident à décharger le matériel. Borge et moi, nous nous répartissons, comme nous l'avons décidé à Golomiyanniy, l'équipement commun : caméras vidéo, Pocket PC, outils de communication pour moi, qui serai chargé d'envoyer les photos et les mails quotidiens qui finiront sur notre site ; pelle et kit de réparation pour Borge, spécialiste du rafistolage en tout genre ; tente et réchaud de cuisine pour moi.

Nous préparons séparément nos luges, comme si l'autre n'existait pas encore en tant que seconde moitié de l'équipe. Comme si chacun s'apprêtait, une fois de plus, à partir seul.

De toute évidence, on n'est pas encore « ensemble ». Pas encore « deux ». Pas vraiment. On ne le sera qu'une fois partis.

Sous l'objectif de Kjell Ove et de Sebastian, qui mitraillent furieusement, sous le regard préoccupé des pilotes incrédules, qui s'attardent malgré eux comme si nous allions les rejoindre, nous avançons nos traîneaux chargés vers la « ligne » de départ imaginaire. On dirait deux concurrents prêts à s'affronter dans une course.

Le ciment qui fait encore défaut entre nous ne pourra se consolider véritablement qu'à partir de maintenant, au cœur de l'épreuve. Jusqu'à présent, il n'existait qu'en théorie et découlait du respect, de l'admiration et de l'amitié que nous éprouvons l'un pour l'autre.

Ce ciment, c'est la confiance, la vraie. Totale et absolue.

Elle seule, si on réussit à la forger, pourra nous rendre invincibles.

7

Ours blanc, eau noire

Le premier paysage qu'éclaire le faisceau de nos lampes frontales est fait de bouillasse neigeuse. Mais aussi de glace en éclats qui se dérobe sous nos skis, d'ouvertures sombres et inquiétantes…

Plus nous avançons, plus la glace est instable. Presque liquide, par endroits. Nous progressons sur des éclats que le courant déplace très vite et qui se soustraient à la lumière. Dans le pinceau de nos torches s'élèvent des théâtres de banquise dont les décors nous barrent le passage. Mobiles, ils se glissent les uns derrière les autres, jouent à cache-cache, révèlent des ouvertures qu'ils avalent aussitôt, des tunnels qui se referment si vite qu'on n'est pas sûr qu'ils aient existé…

Abandonnant les traîneaux, nous essayons l'un après l'autre de trouver une voie… mais les mouvements de la glace, sous l'impulsion des rafales de vent, sont trop rapides pour permettre une progression significative.

Au bout de 600 mètres, nous décidons de faire demi-tour et d'aller attendre sur la terre ferme que le vent retombe.

Demain, peut-être, on passera…

Nous ne sommes pas encore à deux ou trois jours près, malgré le retard pris à Norilsk et à Golomiyanniy. Nous avons des réserves de nourriture et des réserves d'eau potable (toute la glace « fraîche », non salée, que nous avons emportée). Mais il ne faudrait pas que les délais s'accumulent. Nous avions prévu de quitter le cap Arkticheskiy le 15, et nous sommes le 21. Si ça continue, notre expédition nocturne finira par se faire en plein jour.

C'est le moment de s'installer sous la tente. Ensemble, pour la première fois.

Il paraît qu'on choisit ses amis, pas sa famille. Or, notre famille à nous deux, c'est l'homme le plus qualifié pour lui servir de coéquipier dans cette aventure.

C'est Borge... et c'est moi.

D'une certaine manière, nous nous sommes imposés l'un à l'autre.

L'heure est venue, pour chacun de nous, d'affronter la personnalité profonde de son partenaire. La vraie. Celle dont nous ignorons tout, puisque nos relations ne nous ont jamais obligés à une telle proximité. Même durant les phases préliminaires de cette expédition. À Moscou, Borge a partagé sa chambre d'hôtel avec son photographe, Kjell Ove, j'ai partagé la mienne avec Sebastian. À Norilsk, nous avions chacun notre espace, pour nous reposer et préparer tranquillement nos équipements respectifs. Même à Golomiyanniy, chacun dormait toujours avec son preneur d'images attitré.

C'est pourquoi le long contact rapproché qui commence aujourd'hui constitue à la fois un mystère et une épreuve initiatique ; un environnement inconnu, qu'il va falloir affronter au même titre que cette banquise obscure. Dans un cas comme dans l'autre, rien n'est gagné d'avance.

On finit à peine de s'installer sous la tente, après avoir longuement gratté la glace qui s'est formée à l'intérieur de nos parkas, quand Borge demande soudain :

— Tu as entendu ?

— Non. Quoi ?

Pas le temps de me répondre. Le zip de la paroi externe explose sous la pression de quelque chose d'énorme et d'une force terrible. Isolés par la double épaisseur, nous ne voyons rien et craignons d'abord que la glace ne soit en train d'éclater sous nous. Borge fait glisser la fermeture… et pousse un cri.

Il est nez à nez avec un ours !

On se jette en arrière. Si le fauve décide d'entrer, il nous tuera en deux coups de patte, avant qu'on ait le temps de faire un geste.

Soudain, les deux petites bombes de gaz poivré antiours, qu'on nous a données à Norilsk et que nous avons toujours dans la poche (pour éviter que le gaz ne gèle dans son flacon), nous paraissent bien dérisoires.

Heureusement, l'animal fait volte-face et va renifler les alentours. Son flair exceptionnel (il est capable de repérer une carcasse de phoque à 50 kilomètres) le conduit tout droit au traîneau qui contient nos provisions. On se précipite sur le pistolet lance-fusées éclairantes, toujours à portée de main, et on lui court après. L'ours se désintéresse du traîneau et reporte son attention sur le canot pneumatique, où se trouve un sac de rations supplémentaires. Le voilà qui s'enfuit, le sac dans la gueule…

Pendant que je prends des photos et que je filme la

scène, Borge tire une fusée éclairante en direction du voleur. Apeuré, l'ours lâche sa proie et disparaît.

C'était chaud.

On ne s'attendait pas à avoir la visite d'un plantigrade dès le cap Arkticheskiy. Il semblerait qu'on soit sur l'une de leurs routes ou dans une de leurs zones de chasse.

La pression vient de monter d'un cran : on est sur le territoire des ours, les ours savent qu'on est là, et on est cloués sur place par l'impossibilité d'avancer sur la glace. Très inconfortable, comme situation.

Borge regrette de ne pas avoir apporté son *bear-watch*, un système d'alarme antiours de son invention. C'est un fil en Kevlar (résistant au froid) que l'on tend autour de la tente, à hauteur de patte, et qui actionne la détente d'un pistolet à fusée éclairante dès qu'un plantigrade le touche. Très utile pour être averti de l'approche d'un ours pendant son sommeil. Malheureusement, comme nous étions déjà très chargés, je lui ai demandé de le laisser chez lui, en l'assurant que j'avais l'oreille assez fine pour remplacer n'importe quel système d'alarme.

J'ai peut-être été un peu présomptueux. Et je sens bien que Borge regrette de m'avoir écouté.

Il suggère que l'un de nous monte la garde, pendant que l'autre dormira. C'est son côté ultraperfectionniste : il voudrait tout contrôler, y compris les ours. Mon approche est, disons, plus pragmatique. J'attends que l'animal se montre agressif et je gère la situation à partir de là. Alors, monter la garde… je n'en vois pas la nécessité.

— Écoute, Borge, tu n'as qu'à fermer les yeux et dormir. J'ai le sommeil léger ; je me réveillerai automatiquement si jamais un ours s'approche.

— OK, si tu en es certain, je te fais confiance.

De toute façon, les ours peuvent s'approcher autant qu'ils le veulent : avec les hurlements du vent, on ne risque pas de les entendre…

Le zip réparé, nous retrouvons notre abri et notre optimisme : celui qui nous persuade que les températures vont chuter, que la glace va se reformer sous l'effet des vents du nord… et que les plantigrades vont nous laisser tranquilles.

Sur ce dernier point, nous avons pris nos désirs pour la réalité.

La même nuit, notre visiteur revient à la charge. Dans mon sommeil, je l'entends rôder autour de la tente.

Inutile de réveiller Borge, qui a fini par céder à la fatigue.

Je me glisse par la porte arrière… L'ours est là, tout près. Sa masse est impressionnante. Ce n'est pas le premier que je vois, mais dans ces moments-là je me sens toujours tout petit. On est loin du nounours en peluche, de Yogi Bear et de Winnie l'ourson… Celui-là a des crocs à m'arracher le visage d'un coup de dents, et des pattes genre « griffes de la nuit ». S'il attaque, je ne donne pas cher de ma peau.

Je tire une autre fusée éclairante dans sa direction. Il s'enfuit.

Je me recouche, à moitié rassuré.

Au réveil, nous constatons que l'obstinée bestiole ne s'est pas laissé décourager par nos feux d'artifice. La tente est entourée de traces de griffes témoignant de ses nombreux *come-back*. Quant à notre « Zodiac »… il est en lambeaux !

La matinée est consacrée à le recoudre – après en avoir traîné la plus grande partie à l'intérieur de la tente – et à souder à l'aide du réchaud des pièces, façon rustines, sur les déchirures. C'est Borge qui se charge du rapiéçage. Après quoi, le « Zodiac » est comme nous : gonflé à bloc et prêt à repartir.

L'épisode de l'ours nous a stressés, malgré tout. Conscients que notre dévoreur de pneumatique a d'innombrables cousins dans la région, nous avons soudain l'impression (très) désagréable d'être deux animaux en cage, observés par des familles de plantigrades visitant un zoo. Sauf que, dans le noir, nous ne les voyons pas. Savoir que eux, en revanche, nous voient est plutôt angoissant...

Cela dit, nous n'ignorions pas que cet « inconfort » ferait partie du voyage... Et puis, que serait la banquise sans les ours ? D'ailleurs, il ne faudrait pas oublier qu'ils sont ici chez eux. Et que les intrus, c'est nous.

Aux premières heures de la matinée, nous constatons que les vents de nord-ouest ont collé la glace à la côte, sur le flanc ouest du cap Arkticheskiy. C'est peut-être le signe que nous attendions. Nous fonçons inspecter la surface de la glace. Aussi loin que porte notre regard – c'est-à-dire pas très loin – s'étale un plateau qui paraît à peu près stable.

On pourrait attendre encore un peu que la banquise se reforme autour du cap, nous offrant une surface plus régulière et plus sûre. Ou que les courants se calment et que la météo – toujours pas fameuse – s'améliore. Mais je sens Borge nerveux à cause des ours. Il est vrai que ces animaux imprévisibles représentent un risque sérieux, moins pour nous que pour le matériel.

Dans le fond, je suis d'accord avec lui : on n'a pas intérêt à s'éterniser dans le coin...

Borge à l'ouest, moi à l'est, nous explorons longuement la côte, à la recherche du passage le plus favorable pour nous amener sur la glace. C'est Borge qui le trouve.

Le temps de rassembler notre équipage, et c'est – une fois de plus – le grand départ.

Un dernier pas sur la terre ferme… et nous nous engouffrons dans la nuit glacée. Cette fois, il n'y aura pas de retour en arrière.

Six heures et demie d'affilée, nous progressons sans une pause, face à des vents de nord-ouest de 7-8 mètres par seconde qui nous balaient des rafales de neige en plein visage. Pour celui qui ouvre la route, c'est un challenge physique doublé d'un effort de concentration permanent, qui épuise très vite. C'est pourquoi chacun marche une heure, une heure et demie en tête, avant de céder sa place à l'autre.

Dans ces ténèbres gelées, chaque mètre gagné est un combat, rythmé par nos souffles rauques, le craquement des glaces, le hurlement du vent et le gémissement des blocs monstrueux dont les masses se pressent et se frottent dans cette espèce de « jurassic roc ».

Il n'y a jamais de sécurité, même relative. Chaque pas sur ce « terrain », qui n'est qu'un amalgame de glaçons flottant dans un immense verre, implique un danger potentiel, d'autant plus effrayant que nous avons raté la dernière lune et qu'il n'y a pas même une étoile dans le ciel pour produire la plus infime luminescence.

Il fait plus noir que noir.

On se retrouve coincés sur une plaque gelée entourée d'eau… Un peu plus tard, la glace glisse sous mes pieds et m'entraîne vers l'arrière ; Borge, devant moi, sur une surface plus stable, attrape une corde dans un traîneau et me la lance, m'aidant à me hisser dans le « Zodiac » et à le rejoindre…

On avance – ou plutôt, on essaie – dans une

bouillasse neigeuse, une purée de glace plus liquide que solide, une soupe dans laquelle il faut ramper (après avoir ôté ses skis), comme sur des sables mouvants, pour ne pas s'enfoncer et ne jamais remonter. Seule une longue corde bleue, dont l'extrémité disparaît dans la nuit, nous relie alors à ces chargements invisibles dont le contenu nous garde en vie.

C'est cette vie – notre vie – qu'on récupère ensuite, en tirant précautionneusement sur le fil…

Ces moments-là sont trop intenses, trop émotionnellement violents, pour que la moindre parcelle d'énergie ne soit pas concentrée sur soi-même. On ne sait plus si on nage ou si on rampe. Si on avance ou si on se noie. Si on a peur ou si on a dépassé la peur. On lutte, quand les jambes s'enfoncent, pour maintenir le reste hors de l'eau, sans jamais avoir la certitude que le combat ne sera pas vain ; que ce n'est pas là, maintenant, qu'on va être engloutis à jamais dans l'abîme obscur…

Et dire que si on s'en tire, il faudra recommencer des centaines, peut-être des milliers de fois !

En principe, on se suit, on reste proches dans la mesure du possible, pour mieux se défendre si un ours attaque, ou tout simplement parce que chacun traîne derrière lui une moitié de campement inutile sans l'autre moitié. Mais quand la surface devient trop hostile, le terrain trop impraticable, l'attelage éclate. Alors, c'est chacun pour soi, chacun traçant son sillage dans ce marécage, chacun trouvant comme il le peut, dans la nuit, son fil d'Ariane vers la survie.

Tomber à l'eau ici, maintenant, c'est nous retrouver trempés jusqu'à l'os, sans un mètre carré de banquise ferme où planter la tente pour se faire sécher. C'est la fin de tout. Et de nous.

Mais des fatalités, il y en a tellement… Ce bloc énorme, par exemple, qui nous surplombe et se déplace avec une sorte de grincement sourd. Son équilibre est si fragile… Il pourrait s'abattre sur nos traîneaux à n'importe quel moment.

Plusieurs fois, au cours de cette journée, le marécage s'arrête pour faire place à des étendues d'eau libre.

Quand les bords forment de petits à-pics d'un mètre, un mètre cinquante, il n'est même pas question d'y descendre : il nous serait impossible d'escalader la falaise miniature qui nous attendrait à l'autre bout. Dans ces cas-là, on n'a pas d'autre choix que de contourner l'obstacle, ce qui nous oblige parfois à repartir carrément au sud, pour un détour qui peut prendre des heures… ou une journée entière.

Mais le plus souvent, on traverse à la nage en remorquant nos traîneaux, conçus pour flotter et garder le matériel au sec.

Se laisser glisser volontairement dans les eaux noires de l'océan Arctique est un défi à la raison. S'y engloutir jusqu'au cou et nager dans l'obscurité, avec 5 000 mètres d'abysses sombres sous les jambes, est un cauchemar éveillé…

Quand la glace s'écarte pratiquement sous nos pieds, il faut réagir vite. Très vite. S'arrêter, se déharnacher, déchausser, ranger les skis dans les traîneaux et rebâcher par-dessus. Puis enfiler les volumineuses combinaisons étanches orange qui nous enveloppent entièrement, chaussures comprises, à l'exception de la tête. Cet habillage prend vingt à vingt-cinq minutes. Parfois trente, si les conditions atmosphériques sont particulièrement mauvaises. En outre, je suis moins rapide que Borge à enfiler ma tenue isolante, qui est un peu trop grande pour moi. Il me faut davantage de temps pour caler mes mains dans ces manches trop longues, pour ajuster l'ensemble à ma morphologie plus trapue que celle de mon camarade. Lui, en revanche, s'habille à la vitesse de l'éclair. Enfiler les tenues les plus improbables et s'en extraire avec l'agilité d'un contorsionniste fait partie des spécialités de cet ex-plongeur commando.

Une fois équipés, on s'enfonce avec précaution dans l'eau glacée… qui l'est d'ailleurs moins que l'air ambiant. Avec ses deux ou trois degrés, elle paraît même chaude, par rapport aux moins trente ou moins quarante de l'extérieur. Le tout est d'éviter qu'elle ne rentre dans la combi : les vêtements gèleraient une fois dehors et l'hypothermie serait immédiate.

L'ennui, c'est que, dans cette tenue isolante, l'effort de la nage fait vite transpirer, et que la sueur gèle, elle aussi.

Le même effort fait perdre – par la tête – une grosse quantité de chaleur corporelle. L'océan Arctique nous enserre comme une poigne géante, plaquant nos couches de vêtements les unes aux autres, faisant s'échapper l'air qui circule entre elles et annulant leur effet isolant. Résultat : on se met très vite à éprouver une sensation de froid. Et au bout de vingt minutes, on est au bord de l'hypothermie…

L'angoisse majeure est donc moins de s'immerger dans ces lacs glacés que de savoir combien de temps on va y passer.

Je regarde Borge disparaître dans l'eau sombre, comme avalé par la bouillasse qui flotte en surface…

La plupart du temps, c'est lui qui descend le premier. Je le rejoins aussitôt et j'essaie de me maintenir à sa hauteur. Il en fait autant de son côté ; mais dans cette situation extrême, où nous ne pourrions pas nous porter secours, l'honnêteté m'oblige à le dire, c'est chacun pour soi.

Dans ce noir total, je me repère à la direction du vent

qui me souffle sur la figure. Pour peu qu'il forcisse, l'océan produit des vagues courtes, hachées, qui nous fouettent le visage, nous éclaboussent et, malgré tous nos efforts pour nous abriter derrière les luges, s'ingénient à trouver la faille de nos combinaisons. Quand ne serait-ce que quelques gouttes d'océan Arctique vous glissent le long de l'échine… c'est comme si on vous injectait du gaz carbonique en intraveineuse !

Les courants, qui font dériver la glace à toute vitesse, sont encore plus violents dans l'eau. Maintenir une trajectoire en ligne droite est presque impossible, surtout avec le poids des traîneaux qu'on tire ou qu'on pousse, selon les cas. Un rien nous entraînerait à des kilomètres l'un de l'autre. Il suffirait de lâcher un des traîneaux, par grand vent, pour qu'il se retrouve définitivement hors de portée en quelques secondes.

Il n'est jamais à exclure que la glace se referme sur nous et nous écrase, ou que la banquise craque et s'écarte devant nous sans qu'on s'en aperçoive. On risque alors de nager des dizaines de kilomètres sans arriver à remettre le pied sur de la glace solide ! Le courant se mettant de la partie, on pourrait même se perdre et ne *jamais* arriver nulle part !

La seule panique, alors, suffirait sans doute à nous tuer.

Nous luttons, Borge et moi, pour ne pas être séparés, garder le contact visuel. À aucun prix, il ne faut se quitter des yeux, car on pourrait facilement ne jamais se retrouver ! Cela arrive, pourtant, quand un traîneau nous aveugle ou quand l'autre est caché par un morceau de glace flottante. Dans ces moments-là, on ne peut s'empêcher d'avoir l'estomac tordu par l'angoisse : aucun de nous ne peut survivre sans l'autre, puisque nous emportons chacun la moitié du matériel. Soudain, les secondes semblent des heures, les minutes une éternité… Quand la petite lumière du coéquipier réapparaît enfin dans le champ de vision… le mot « soulagement » est faible.

Lorsqu'on approche de la rive opposée, il vaut mieux se présenter à deux pour réduire le risque d'être pris pour un phoque par un ours polaire à l'affût le long des berges. Le danger existe d'ailleurs depuis un moment : les grands prédateurs blancs, encore meilleurs nageurs que marcheurs, sont parfaitement capables de plonger pour rattraper une proie…

Dire que, dans l'eau, nous sommes encore plus vulnérables que sur la banquise est un euphémisme.

Enfin, il y a l'arrivée sur l'autre bord. Sauf que ce n'est pas un bord, ni une rive nette et définie, mais une zone où la soupe de glace se dérobe sous nos mains, éclate quand on y cherche un appui. Il faut pourtant absolument s'extraire de l'eau ou faire demi-tour : si on s'y attarde, c'est l'hypothermie !

La plupart du temps, Dieu merci, la glace atteint progressivement une consistance suffisante pour qu'on puisse se sortir du marécage.

On attrape vite le coup, Borge et moi. Le truc consiste à s'appuyer sur une luge, à battre des pieds énergiquement, façon brasse papillon, pour se donner l'impulsion, et à se projeter hors de l'eau d'un violent coup de reins.

On n'a plus qu'à se rouler dans la neige – pour que celle-ci, amalgamée sur nos combinaisons, en absorbe l'humidité par un effet buvard –, et à faire éclater à coups de pied la gangue de glace qui s'est instantanément formée autour des luges, dès qu'on les a sorties de l'eau. Quelques minutes encore, et on se débarrasse de la neige qui nous recouvre.

Outre qu'elles nous ralentissent considérablement à chaque fois, ces traversées dans le noir complet (à l'exception du faisceau de nos lampes frontales), sans le moindre repère et sans savoir quand on atteindra l'autre côté, relèvent d'un coup de dés qui a notre vie pour enjeu.

Malheureusement, il va falloir les lancer souvent, ces dés. Trop souvent, pour deux aventuriers professionnels qui ont l'habitude de ne prendre – dans la mesure du possible – que des risques calculés.

Au moins le fait d'être deux nous donne-t-il certains avantages. Au moment de répondre, par exemple, à des questions cruciales – combinaisons étanches, ou détour pour tenter de trouver un passage à sec, avec le risque de perdre des heures pour rien ? –, nos expériences cumulées réduisent considérablement la probabilité d'une erreur de jugement. Sachant que celle-ci comporte toujours le risque d'être fatale, ce n'est pas rien.

De toute façon, aveugles comme nous le sommes dans ces ténèbres, rien ne sert de chercher de savants détours, de manigancer des ruses géographiques en espérant contourner quoi, échapper à quoi ? Pour nous, il n'y a et il n'y aura jusqu'au bout qu'une seule direction : le nord.

Quand nous décidons de mettre un terme à notre première vraie journée de marche – si on peut appeler ainsi cette alternance de reptation et de natation –, nous avons parcouru 19 kilomètres. Mais – à cause de la forte dérive sud-est – seulement 2 dans la bonne direction !

Nous dénichons un bout de banquise à peu près stable pour y planter la tente. Nous y attachons tout – luges,

« Zodiac », skis… – pour éviter que le sol mouvant n'entraîne une partie de notre équipement loin de nous, pendant notre sommeil. Échaudé par notre rencontre avec l'ours, Borge installe devant l'entrée de l'abri l'équivalent de son *bearwatch* : un fil en Kevlar dans lequel un visiteur éventuel se prendra la patte, actionnant la détente du pistolet lance-fusées éclairantes. Effrayé par ce feu d'artifice, il s'enfuira à coup sûr.

Nous positionnons systématiquement notre dispositif d'alarme devant l'entrée de la tente, toujours plantée dos au vent pour que celui-ci ne s'engouffre pas dedans. L'ours, pour ne pas être repéré, se présentera toujours face au vent (précaution inutile, car notre flair est loin d'être comparable au sien), c'est-à-dire face à l'entrée de notre tente. Nous installons les luges à moins d'un mètre de nos sacs de couchage. Comme elles sont reliées à la tente, un plantigrade en maraude fera forcément remuer celle-ci, ce qui ne manquera pas de nous réveiller.

Mais je dois dire que le tapis roulant qui continue à nous entraîner vers l'arrière me préoccupe infiniment plus que les ours.

Dieu sait où on se réveillera !

Dieu sait ce qu'on deviendra, si les prochaines journées sont aussi dures que celle-ci.

Mais ce soir, on est heureux, Borge et moi. Parce que même si on ne sait pas si on arrivera, ce qui est sûr, c'est qu'on est enfin partis !

Et ça, c'est déjà une victoire.

8

Dream team

23 janvier. C'est ce qu'on craignait. On a reculé en dormant, au point de se retrouver au sud du cap Arkticheskiy !

Et notre deuxième journée sur la mer de glace (plus mer que glace) n'est pas moins difficile que la première.

Un de mes traîneaux plonge dans une craquelure profonde, et je mets une bonne demi-heure à l'en extraire. Les tempêtes successives ont ouvert la glace et multiplié les ouvertures géantes. Cinq fois de suite, nous devons enfiler nos combinaisons imperméables…

On se bat avec une énergie farouche, mais plus on fonce, plus on recule. En vitesse réelle, on fait du 1,4 kilomètre à l'heure… vers l'arrière !

Le lendemain, le thermomètre serait à moins quatorze, sans les vents de 5-6 mètres par seconde qui continuent à nous fouetter le visage de rafales blanches. À l'exception d'une traversée à la nage, nous progressons toute la journée sur une immense mosaïque brisée, une zone où les pressions internes ont fait exploser la glace comme du verre, projetant des morceaux géants un peu partout, les entassant en couches successives qui se chevauchent comme des vagues solides… Nous faisons du *ice hopping*, ou « saut de glace », un jeu auquel je jouais l'année dernière avec mes filles, dans le Grand Nord canadien. Je m'en passerais bien, aujourd'hui.

Dans le noir absolu, je ne distingue de Borge que le faisceau de sa lampe frontale, minuscule luciole perdue dans la nuit. Parfois, quand la distance entre nous diminue, j'aperçois la tache rouge de sa parka. Quand il prend la tête, je sais que je deviens la même chose à ses yeux : un point lumineux et une tache rouge qui s'éloignent, qui dansent, disparaissent parfois… Tout en fixant le sol, devant nos skis, pour éviter de nous planter dans une congère ou de tomber dans une crevasse, on garde un œil sur le *leader*. Celui-ci (Borge ou moi) se retourne rarement. Après tout, on est censés être des professionnels responsables, capables de s'assumer. Pas des enfants.

Ne jamais laisser la distance qui nous sépare devenir trop grande. On aurait vite fait de se perdre.

On marche, on tire, on hisse… On marche, on grimpe, on rampe, on escalade, on tombe… On marche… L'un après l'autre, mes skis s'avancent dans le faisceau de ma lampe frontale, comme des artistes dans le rond d'un projecteur. Les dessins d'Annika et de Jessica deviennent peu à peu une graduation de mes progrès, l'unité de mesure de mes pas. Je calcule que si je n'allonge pas mon enjambée jusqu'à ce que les mots *Good luck* apparaissent dans la lumière, je mettrai une semaine de plus à atteindre le Pôle !

On marche… Et on recule encore de 10 kilomètres ! Au bout de deux jours, on en a perdu 18, par rapport à notre latitude de départ ! On devrait se diriger vers la Norvège et le Groenland. Au lieu de ça, on va droit vers l'Alaska !

On se couche à 18 kilomètres au sud et 50 kilomètres à l'est du cap Arkticheskiy !

Cinq jours qu'on a quitté le cap, et on n'a pas encore avancé d'un seul kilomètre en direction de notre but.

D'autres renonceraient et rentreraient sagement à la base en se le tenant pour dit. Personnellement, je trouve dans cette adversité une motivation supplémentaire. Je sais que le secret, c'est de s'accrocher et de ne pas perdre le moral. Bientôt, forcément, les vents tourneront, la banquise pivotera et la dérive changera de direction.

Ce n'est qu'une question de temps.

Dès notre premier pas au-delà du cap Arkticheskiy, tout ce qui a surgi devant nous était infranchissable.

Et – jusqu'à présent – on l'a franchi.

L'autre raison d'avoir le moral, c'est que pour l'instant, il n'y a pas d'ours en vue.

Il est vrai qu'avec ce noir d'encre, on ne les verrait pas à 10 mètres…

Je le savais !

Les choses ont fini par s'inverser en notre faveur ! Enfin, s'inverser… pas encore tout à fait : la dérive n'est plus que de 12° sud. En une journée, nous remontons de 12 kilomètres, jusqu'à nous trouver pratiquement à la hauteur du cap Arkticheskiy.

Retour à la case départ.

La glace est « jeune » – elle n'a que quelques semaines, voire quelques jours –, mais sa surface est à peu près égale et son épaisseur varie entre 3 et 30 centimètres, ce qui la rend, dans l'ensemble, praticable. De toute façon, après ce qu'on vient de traverser, on ne va pas faire les difficiles.

Encore 80-90 kilomètres au nord, et nous serons sur de la « vieille » glace, plus épaisse, moins dérivante, qui nous offrira un terrain plus stable où nous progresserons plus vite.

Notre objectif : atteindre une moyenne de 15 kilomètres par jour. Vingt, si la dérive se met à jouer en notre faveur.

On dirait que ça se confirme. Le vent tourne et nous fait gagner 2 kilomètres durant la nuit.

Le thermomètre, lui, plonge, réduisant les vastes étendues d'eau libre à l'état de craquelures liquides par-dessus lesquelles on saute sans trop de difficulté. C'est ça ou nager, si on rencontre des ouvertures plus importantes : nous avons abandonné notre « Zodiac » deux jours après avoir quitté le cap Arkticheskiy.

C'est ce qui était prévu, les ouvertures liquides devant se réduire à mesure de notre progression vers le nord. Et puis, on ne pouvait pas se permettre de traîner cinquante-quatre kilos supplémentaires.

En une journée – la meilleure jusqu'à présent –, 17 kilomètres gagnés dans la bonne direction !

Qu'est-ce que ça serait, si le temps n'était pas si infect ! Les bourrasques de neige, incessantes, sont portées par un vent du nord glacial qui fait chuter la température à moins trente. Puis le vent vire au sud-ouest et se charge d'encore plus de neige. Très vite, toutes les pistes visibles sont recouvertes. La banquise est un champ de mines : dans le noir, impossible de différencier les nuances du sol. Nous avançons en sondant avant chaque pas ce qui se trouve devant nous, à l'aide de nos bâtons de ski…

En fin de ce qui correspond normalement à un après-midi, nous abordons une faille toute fraîche, qui a dû s'ouvrir le matin même. Elle est trop grande pour en faire le tour sans perdre des heures. De toute évidence, la glace qui la recouvre est récente, mais elle me paraît praticable. On s'y aventure prudemment, toujours en utilisant nos bâtons. À la quatrième tentative, ils passent au travers.

On échange un regard inquiet, Borge et moi, mais on décide tacitement de continuer, chacun de son côté.

Notre instinct nous dit qu'on a tort. Au moins de ne pas enfiler nos combis étanches. Le stress qui en résulte nous serre les tripes…

Je me trouve sur la droite de Borge, à peu près à sa hauteur, quand nous arrivons sur une étendue de glace mince, où des morceaux plus durs sont fichés comme des éclats de verre dans du ciment frais.

Dire ce qui se passe à cet instant précis est difficile. Pourtant, lui et moi savions parfaitement, sans le dire, que ça allait arriver. Ce n'était pas « si », mais « quand ».

Ça dure une fraction de seconde. Mon œil enregistre au ralenti l'image de cette surface à la consistance aussi étrange que l'aspect, se pliant soudain comme une feuille de Plexiglas sous le poids de mon partenaire et de son traîneau !

Elle est à un cheveu de casser ! Et Borge à une nanoseconde de faire le plongeon !

Dans un réflexe impeccable, il fait deux pas en avant, tout en écartant ses skis au maximum pour diviser son poids par deux.

De là où je suis, je distingue son expression à la fois angoissée et furieuse. D'avoir fait un pas de trop ? De n'avoir pas enfilé sa combinaison étanche avant de s'aventurer sur ce terrain miné ?

C'est le genre d'erreur que nous commettons tous les jours, lui et moi, dans notre hâte d'atteindre le Pôle : enfiler cette fichue combinaison prend du temps. Du temps pendant lequel non seulement on n'avance pas, mais on recule. Du coup, la tentation est forte de prendre le risque de s'en passer…

Dieu sait, pourtant, que Borge n'est pas du genre à laisser quoi que ce soit au hasard. Mais l'Arctique est un sorcier aux pouvoirs infernaux, dès qu'il s'agit de vous pousser dans ses pièges.

Une chance, en tout cas, qu'on ne soit pas restés côte à côte ! La glace n'aurait pas résisté à nos poids cumulés. Et comme on avait déjà fait au moins 150 mètres en zone dangereuse, il nous aurait été impossible de regagner rapidement un terrain plus ferme. On ne serait probablement jamais ressortis.

Trois fois, nous devons traverser une étendue d'eau libre en nageant de toutes nos forces, car la glace en mouvement se referme rapidement sur nous.

Elle continue à être fine. Trop fine. Vivement qu'elle devienne plus solide…

Voilà une semaine que nous sommes vraiment partis. Cinq ou six traversées d'eau libre par jour, en moyenne ; un vent qui, contrairement à ce qui était prévu, souffle plutôt de l'ouest que du sud-ouest et continue à nous déporter est, sud-est ; une dérive au nord qu'on s'obstine à espérer, mais que rien ne peut nous garantir.

La précarité de notre situation m'inspire ces mots, par lesquels je termine ma communication satellitaire du jour : « Profitez bien de votre week-end et n'oubliez pas de vivre, tant que vous le pouvez. La vie est très courte, chaque minute compte ! »

Non seulement le froid conserve, mais il rend philosophe.

Il fait également relativiser. Dans notre situation – que certains qualifieraient d'extrêmement précaire –, on se met très vite à apprécier tous les « luxes » qui sont les nôtres : celui d'avoir une tente dans la tempête, de quoi manger, ici où il n'y a rien, un sac de couchage au milieu de ce désert glacé ; la chaleur, même modeste, de la flamme d'un réchaud…

Et je sais déjà qu'une fois rentré chez moi, je goûterai plus et mieux des choses en apparence aussi évidentes que l'eau chaude qui coule au robinet, un bon lit… ou le simple fait de refermer une porte derrière moi, sans avoir à me battre avec un zip.

Mais ce que j'apprécierai plus encore que tout le reste, c'est le luxe suprême que l'Arctique nous refusera toujours : pouvoir dormir tranquille, sans craindre pour sa vie.

Si nous ne rencontrons pas de problème grave, si l'équipement tient le coup, si la dérive se met de notre côté… nous serons au Pôle d'ici une soixantaine de jours.

Avec des « si », c'est connu, on mettrait la banquise en bouteille (surtout si elle continue à fondre à ce rythme).

À titre d'encouragement, l'Arctique nous offre une journée entière sans nous mettre à l'eau ! La glace est plus stable et un peu plus épaisse : jusqu'à 60 centimètres, par endroits. On a moins d'appréhension à mettre un ski devant l'autre…

Le thermomètre remonte à moins dix. Avec ces vents d'ouest de 10 à 12 mètres par seconde, on avance lentement. Mais on avance.

Nous sommes sur de la glace ancienne, ce qui est positif. Mais les crêtes de compression élèvent devant nous de véritables montagnes. Elles apparaissent sur les images satellites que nous envoie une station météo canadienne. Les météorologues comparent ces zones à des *Milky Ways*, des « Voies lactées », à cause de leur blancheur crémeuse et luminescente ; à cause, surtout, de leur immensité. Les traverser avec les traîneaux est à chaque fois une tâche interminable et éreintante. On pousse, on tire, on glisse, on tombe, on soulève… Ça dure des heures… On recommence. On pousse, on tire… on transpire dans nos vêtements et on a peur de geler debout ; on se dépêche de repartir, on marche encore plus vite, avant d'être stoppés de nouveau…

Si au moins les conditions pouvaient se stabiliser. Entre le temps pourri qu'il fait depuis le début et les températures qui jouent au Yo-Yo, on est confrontés à un problème supplémentaire : l'obligation de s'arrêter fréquemment, non seulement pour franchir les obstacles, mais aussi pour enlever ou ajouter des couches de vêtements.

Des heures de *ice hopping*, un peu de natation polaire… Douze kilomètres dans la journée. Total : 50 derrière nous, 919 devant.

On annonce enfin des vents du sud…

Le lendemain, les vents du nord redoublent, le thermomètre chute, l'océan Arctique est présent partout, dans les ouvertures de la glace en éclats.

Laquelle continue à dériver au sud-est à 0,8 kilomètre à l'heure.

Quand la banquise et notre chance vont-elles se décider à tourner ?

Pas maintenant. Ça s'aggrave, au contraire ! Pendant de longues heures, nous luttons contre des rafales d'ouest avec l'impression de faire du surplace.

Impression d'autant plus pénible que ce n'est pas une impression.

Pour traverser une zone où les blocs compacts s'accumulent comme un gigantesque amas de glace pilée, nous déchaussons. Soudain, le pied de Borge s'enfonce dans un trou. Quand il s'en arrache, la semelle de sa chaussure accroche la glace et se décolle. Il doit la réparer tout de suite, avant que ses pieds ne commencent à geler.

À force de les faire souffrir en arpentant les calottes glaciaires de la planète, Borge a les pieds qui gèlent facilement. Sitôt sorti de la tente, il doit bouger, remuer sans cesse, pour empêcher le froid d'investir ses extrémités inférieures. Parfois, quand le froid est vraiment trop intense, il est même obligé de chausser ses skis, pour s'isoler de la glace.

Nous montons la tente et il se lance dans un travail impressionnant de minutie et de complexité, qui est en fait le complément de celui qu'il a effectué à Norilsk, sur la partie avant de ses semelles et de ses chaussures ! À l'aide de sa petite perceuse manuelle en forme de tire-bouchon à l'ancienne (on peut glisser un crayon dans la poignée pour faciliter la prise), il pratique à la force du poignet une série de trous dans la partie arrière de sa semelle, puis dans le talon de sa chaussure. Enfin, il entreprend de recoudre l'une avec l'autre, à l'aide de filin de parachute.

Ce travail de bénédictin ne lui prend pas moins de six heures !

Comme il l'avait fait à Norilsk, il me conseille de l'imiter puisque, rappelons-le, nous portons les mêmes chaussures, fournies par son équipementier (lequel lui a garanti que, fabriquées spécialement pour cette expédition, elles résisteraient à tout !). Mais cette fois, je décline poliment l'invitation et me contente de visser mes semelles à mes talons.

L'opération me coûte une vis de part et d'autre et me prend deux minutes.

Ça devrait tenir. Dans le cas contraire, il sera toujours temps de me mettre à la couture.

Et puis, je n'arrive pas à m'habituer tout à fait à l'idée de réparer *avant* la casse. Il y a dans cette démarche quelque chose qui heurte profondément ma nature optimiste... Je considère (ça a l'air d'une évidence) que le matériel est fait pour résister, pas pour casser. Mais au premier signe annonciateur d'une défaillance, je prendrai, bien sûr, les précautions qui s'imposent.

Toujours le noir. Toujours le froid violent et intense qui, aiguisé par le vent, nous brûle le visage, malgré le masque de protection. Toujours ce sol fait de reliefs-surprises, surgissant de l'ombre quand on a le nez dessus, où chaque mètre se gagne à la volonté.

Dans l'obscurité complète et permanente, guidés seulement par nos lampes frontales, nous commençons juste à trouver nos marques.

Si l'équipement peut donner des signes de faiblesse, nous, au moins, nous sommes tous les deux en pleine forme. En neuf heures et demie de marche quotidiennes (en moyenne), nous brûlons jusqu'à sept mille calories ! Il faut ça pour alimenter nos machines, soumises en permanence au test « terrain extrême », intensité maximale.

Quand la fin de la journée approche, on compte les minutes qui nous séparent du moment d'avaler notre dîner et de plonger dans le sommeil.

La casserole spécialement fabriquée à notre intention, qui nous sert de réchaud et de fait-tout, est un petit chef-d'œuvre de technicité. C'est la même, en plus grand, que celle qui m'a accompagné autour du cercle polaire. Prévue pour deux personnes, elle a une contenance de cinq litres.

Avant le départ de l'expédition, j'ai négligemment rappelé à Borge que la mienne me servait aussi de toilettes. Passé le choc, il m'a demandé sans sourciller de bien vouloir me souvenir que je n'étais plus tout seul et de renoncer à cette habitude, au cas où j'envisagerais de la reprendre. J'ai répondu en riant que ça allait de soi.

Avant ou après le dîner, j'expédie toutes les photos prises durant la journée, assorties de quelques commentaires enregistrés sur mon *combox*. Chaque jour, onze mille personnes se connectent sur mon site, où mes communications quotidiennes apparaissent en trois langues.

Ça n'a l'air de rien, mais ce travail de communication représente une charge d'autant plus lourde à porter qu'elle arrive au terme d'une journée déjà rude. Souvent, je lutte contre la fatigue, sachant que les amis, là-bas, attendent les nouvelles et les photos ; et parce que, moi aussi, j'ai envie de partager cette aventure avec eux. Mais à cette latitude, les coupures satellites ne sont pas rares. Quand elles surviennent au milieu d'une retransmission qui prend vingt minutes et m'obligent à tout recommencer au début… les soirées peuvent devenir très longues. Souvent, Borge dort depuis longtemps, alors que je suis encore en train de me battre avec mon matériel. Parfois, je l'avoue, je renonce, vaincu par le sommeil, remettant ma diffusion au lendemain soir.

Le site de Borge est tenu à jour par un dénommé Olav, à qui mon coéquipier envoie tous les soirs ses propres infos.

Pourtant, malgré nos efforts de communication, et quel que soit l'intérêt qu'on peut porter à notre expédition, je reste persuadé que personne ne peut avoir la moindre idée de ce que nous vivons réellement. C'est pourquoi, au-delà des mots et des photos, ce sont nos douleurs, nos peurs, nos émotions, nos joies, aussi, que j'essaie de transmettre à tous ceux qui nous font l'amitié de nous suivre. L'eau noire, la nuit sans fin, les fauves aux aguets, les brûlures du froid, la peur à chaque seconde de sentir la glace céder sous nos pas, l'épuisement de la marche à l'aveugle, harnachés comme des bêtes de somme, le réconfort de la tente et du repas chaud… Je voudrais donner aux « terriens » un aperçu de cette planète inconnue où nous avons choisi d'aller nous perdre et, peut-être, une très faible idée de ce que nous traversons, jour après jour. Je voudrais leur faire comprendre comment et pourquoi chacun de nos pas est un engagement qui exige la totalité de nous-mêmes et davantage encore.

Plus l'épreuve est dure, plus les situations sont inextricables et les obstacles surhumains, plus j'envoie de photos. Comme si l'abondance d'images devait être proportionnelle à la dureté de l'épreuve, pour que les autres la comprennent.

Justement… nos photos n'ont jamais été aussi belles que depuis que la lune, enfin réapparue, est venue rendre l'obscurité un peu moins profonde. Ici, sur le toit du monde, elle est plus proche – une dizaine de milliers de kilomètres – et plus présente, puisque débarrassée de son écran de pollution. Elle semble plus grosse et on distingue nettement des cratères et autres détails jusque-là invisibles à l'œil nu. D'une dimension sans commune mesure avec l'astre qui fréquente habituellement nos nuits, elle baigne désormais la banquise d'une phosphorescence qui semble animer les surfaces liquides et surgir de l'intérieur même de la glace. Dans cette pâleur tombée de nulle part, cette « obscure clarté » qui nous environne comme un sortilège, nous sommes deux silhouettes fantomatiques, avançant comme des robots dressés sur une planète étrange, tellement irréels que si d'aventure quelqu'un nous apercevait, il croirait sûrement avoir rêvé.

À moins que ce ne soit nous qui rêvions…

Malgré la dureté de ce que nous vivons au quotidien – une dureté que j'évoque sans pour autant m'en plaindre, car, après tout, personne ne nous oblige à être là –, je ne peux m'empêcher de nous considérer comme des privilégiés. Qui aura vu ce que nous aurons vu ? Vécu ce que nous aurons vécu ?

Qui est aussi riche que nous ?

La nature des richesses humaines – matérielles, financières, spirituelles, etc. – est une question que les penseurs agitent depuis l'Antiquité. Sans vouloir m'aventurer sur le terrain des philosophes, je me dis que notre aventure est la parfaite illustration d'un principe que j'ai passé ma vie à mettre en pratique : la fortune tient moins aux possessions accumulées qu'à la capacité à vivre avec peu.

Pour nous, ici et maintenant, la fortune, c'est ce que nous avons avec nous. Rien de plus, rien de moins. Le peu que nous possédons a une valeur inestimable. Je n'ai besoin pour vivre que du contenu de mon traîneau. Mais de TOUT le contenu. Le moindre objet emporté – à l'exception de mon drapeau – m'est indispensable. Vital, même.

Nous testons une nouvelle variante de système de sécurité antiours : le pistolet lance-fusées auquel est relié le fil est placé en équilibre entre un traîneau et un bâton de ski. Il est positionné de façon à effrayer l'animal sans le blesser.

Mais les ours semblent s'être provisoirement désintéressés de nous. Aucun d'eux ne vient troubler notre sommeil.

Nous avons conscience, Borge et moi, que c'est maintenant que se joue la réussite ou l'échec de notre entreprise : pendant les quinze premiers jours. Cette période-là est systématiquement déterminante. Or, en ce qui nous concerne, elle tire à sa fin.

C'est le moment de faire une évaluation de nos chances de succès.

Sur le plan de la préparation, on est plus qu'au point.

Sur celui de la condition physique, on ne craint personne.

Côté équipement et soutien technique des partenaires, malgré de petits problèmes, on est – à peu près – au top.

Sur le terrain de l'expérience, enfin, on cumule assez d'heures de Grand Nord à nous deux pour n'être surpris par rien et avoir la capacité de maîtriser n'importe quelle situation. D'ailleurs, les quelques décisions stratégiques que nous avons prises ensemble ont donné jusqu'ici de bons résultats.

Nous formons l'attelage parfait, soudé par un élément capital, quand la vie de chacun repose en permanence entre les mains de l'autre.

La confiance réciproque, totale et absolue.

Cette confiance, qui s'est bâtie, solidifiée au fil des jours, sera l'élément essentiel de notre victoire, j'en suis convaincu.

Reste un domaine crucial qui est encore en voie de développement : l'harmonie entre les deux membres de l'attelage. Elle est fondamentale, et passe en premier lieu par la gestion parfaite de l'intimité qu'implique ce genre d'aventure. En clair : faire l'apprentissage de la vie à deux dans un espace réduit.

À cause de l'exiguïté des lieux, le moindre objet a son emplacement désigné. Nos petits sacs d'affaires personnelles, par exemple, qui contiennent appareil photo, piles, gants de rechange, brosse, carnet de bord, trousse de premier secours, nécessaire de toilette…

Le mien est posé dans le prolongement de ma tête.

Celui de Borge, vingt centimètres plus long, prend toute la longueur de la tente, à côté de lui.

Dès la première « nuit » commune sous la tente, nous avons commencé, comme un couple dans une chambre d'hôtel, par choisir chacun son coin.

Borge étant l'aîné en âge et en expérience, le droit de choisir le premier lui revenait. Il a pris le côté qui se trouve à droite en entrant.

C'est aussi le côté de la « porte », puisque la façade de notre tente ne s'ouvre que sur cette moitié-là.

Il est vrai que c'est lui qui a le 44 Magnum (cette arme qui le suit partout). Si un ours attaque, il doit pouvoir viser et tirer plus vite.

Moi, je garde le pistolet lance-fusées éclairantes. Comme j'ai pris le côté gauche de la tente, c'est-à-dire le côté fermé, je devrai, avant de m'en servir, crapahuter jusqu'à l'extérieur en traversant le « territoire » de Borge. Voire l'escalader.

Pas question, en effet, de tirer une fusée éclairante depuis l'intérieur de la tente, sous peine d'y mettre le feu.

D'autre part, Borge préfère que nous dormions côte à côte, et non pas tête-bêche… pour éviter de me flinguer en pleine tête, si jamais il était réveillé par un mouvement suspect du côté de ses pieds !

Ça part d'un bon sentiment. Le fait que le rabattant de l'ouverture me pendouille régulièrement dans la figure n'est qu'un inconvénient collatéral de peu d'importance.

Borge est un perfectionniste qui déteste que quoi que ce soit aille de travers. Moi, j'ai une nature plus *cool*, qui me pousse à laisser venir les situations et à les gérer au mieux. Mon coéquipier se méfie de la nouveauté, qui bouscule son sens de l'organisation. Moi, je pars du principe que toute situation nouvelle est riche d'enseignements.

Il y a forcément à prendre et à laisser dans ces deux approches. C'est pourquoi chacun de nous fait un effort d'adaptation au style de l'autre.

Borge prend spontanément en charge l'organisation de nos journées. Réveil à quatre heures, suivi de la corvée de glace à faire fondre pour préparer le petit déjeuner (cette tâche nous incombe en alternance, un jour sur deux, ce qui permet à l'autre de dormir dix minutes de plus). Il fixe les horaires et la durée de nos repas, décide du temps que nous passons chaque jour à marcher, définit les distances à parcourir, instaure des pauses de cinq à dix minutes toutes les heures et demie, détermine la quantité de fuel dont nous disposons quotidiennement...

Dès le début, il a prononcé une phrase révélatrice : « Il y a trois manières de faire les choses : la mauvaise, la bonne, et la mienne. »

Il l'a dit avec le sourire, sur le ton de la plaisanterie. Mais je le soupçonne d'en être intimement convaincu. Et d'ailleurs, pourquoi pas ? Il est de loin le plus expérimenté de nous deux, celui qui possède la plus grande connaissance des régions polaires, l'homme que j'appelle le « roi de l'Arctique »...

Et il est l'initiateur, le moteur de cette expédition.

Les décisions, c'est souvent lui qui les prend ; les choix stratégiques, c'est souvent lui qui les fait. Il me consulte souvent. Parfois non, ce dont je ne me formalise pas. Après tout, il est l'expert des experts. Avec lui à la barre et moi comme second, l'expédition est plutôt bien partie.

Il nous arrive – pourquoi le cacher ? – de nous accrocher de temps à autre. Pour un détail… pour trois fois rien.

Pour une histoire… d'urine, par exemple.

La nuit, on pisse dans des bouteilles qu'on garde ensuite au fond de nos sacs de couchage, pour se réchauffer les pieds. Quand l'urine est froide, on la vide à l'extérieur de la tente ; on remplit à nouveau la bouteille, et ainsi de suite.

Boire beaucoup nous oblige à répéter cette opération un certain nombre de fois pendant la nuit, donc à nous réveiller – ce qui permet au passage de s'assurer qu'on n'est pas mort de froid ou qu'on n'a pas les pieds gelés.

Pour vider son flacon d'urine, Borge n'a qu'à ouvrir le zip et à sortir le bras. Moi, je dois me lever, dézipper l'ouverture située du côté de mes pieds, me pencher pour vider ma bouteille, puis me réinstaller. Une manœuvre inconfortable, qui entraîne une substantielle déperdition de chaleur. Et tout ça, quatre ou cinq fois par nuit.

Du coup, je me suis mis à utiliser l'espèce de manche à air qui sert à ventiler l'habitacle et dont l'ouverture se trouve non loin de ma tête.

Un matin où Borge est de corvée de *breakfast*, il découvre que le contenu de mon flacon a éclaboussé la tente… à l'endroit où nous ramassons la neige pour préparer boissons chaudes et petit déj'. On s'engueule un peu. Je lui dis de ramasser sa neige un peu plus loin ; il tient à ses habitudes, etc. Tout ça se termine dans la rigolade.

On ne va quand même pas laisser des choses aussi insignifiantes nous gâcher cette aventure extraordinaire.

On est en train d'écrire une page d'histoire, oui ou non ?

9

Je règle mon pas…

Sur l'échelle des punitions humaines, il y a d'abord la prison, puis l'isolement, l'obscurité enfin. La nuit est ce qu'il y a de plus terrible, de plus déstabilisant pour l'être humain. C'est ce qui l'atteint au plus profond, jusqu'à le pousser parfois aux confins de la folie. La nuit prolongée, sans issue visible et sans fin apparente, est associée partout et par tous à toutes les formes du mal. Elle se traduit dans le meilleur des cas par une incapacité de fonctionner correctement ; dans le pire, par une démence meurtrière ou suicidaire.

Dans le cadre d'une expédition arctique, elle est synonyme d'insécurité ; elle représente l'élément qu'on s'efforce en premier lieu de réduire, et si possible d'éliminer.

Au quotidien, elle pèse pourtant d'un poids effrayant. Un poids qui nous tombe dessus et nous écrase jusque dans notre sommeil, créant un désir dépressif de le prolonger à tout prix ; elle nous frappe chaque fois que nous mettons le nez hors de la tente ; physiquement, elle nous freine, nous handicape et nous épuise, en nous obligeant à une concentration redoublée – les yeux sont soumis à un effort intense et permanent, les oreilles guettent sans cesse les menaces invisibles… Mentalement, elle nous stresse et nous angoisse.

Pourquoi ne pas le dire : elle nous fait peur.

Mais c'est pour elle que nous sommes là.

L'obscurité nous enserre et nous enferme, quelle que soit l'heure du jour ou de la nuit. Elle commence tout près de nous, là où s'arrête le faisceau de nos lampes frontales, ce spot qui invente et délimite ce que j'appelle notre « zone de confort ». Notre monde connu. Au-delà, ce sont des abîmes comparables aux territoires obscurs des cartes médiévales. Émotionnellement, du moins. Nous n'ignorons pas, bien sûr, qu'après ce rond de banquise visible s'étale davantage de banquise ; nous savons bien que le pinceau lumineux que nous projetons comme un troisième œil ne fait que courir sur une planète gelée. Mais la part de mystère existe quand même. Car si nous connaissons tous les pièges du parcours, nous ignorons – comme dans un « train fantôme » – à quel instant ils vont se jeter à notre tête.

La lumière, je la trouve à l'intérieur de moi. Elle est faite d'un peu de métier, d'un zeste d'expérience, d'une grosse part de volonté. C'est elle qui m'éclaire et me fait avancer ; qui entretient le dynamisme, l'énergie de retrousser ses manches… l'envie, tout simplement. C'est une lumière dont toutes les ténèbres de la terre ne pourraient venir à bout. C'est celle que nous portons tous en nous et qui alimente l'énergie et la positivité, les deux ingrédients essentiels de tous les succès.

Chacune de nos journées débute par une exploration des environs immédiats, à la recherche du meilleur itinéraire possible. Celui-ci se révèle par bribes, avec une sorte de réticence, dans la faible clarté des lampes frontales.

C'est là que le mot « éclaireur » prend tout son sens.

On commence par marcher deux heures, deux heures et demie sans s'arrêter, pour mettre le maximum de kilomètres derrière nous, pendant qu'on carbure encore aux céréales du petit déjeuner.

Dès le début de l'expédition, nous sommes convenus que ce segment-là serait le mien.

À moi de démarrer la journée en tête, puisque je suis l'« homme de barre » de l'équipe. Le navigateur. Une spécialité que même Borge me reconnaît. (Plus tard, quand la nuit sera moins intense et qu'un semblant de jour fera son apparition, nous alternerons, démarrant en tête un jour sur deux.)

Là aussi, nous avons chacun notre style. Contrairement à Borge, je me sers très peu du GPS, pour me fier davantage aux éléments naturels, comme les monticules de neige et l'orientation que les vents leur ont donnée. Habitué à fréquenter les banquises à la belle saison, Borge est un expert de la navigation d'après le soleil, dont la position permet de se situer, selon l'heure, avec une relative précision. Dans la nuit arctique, j'utilise aussi, parfois, les astres. En l'occurrence (quand il n'y a pas de nuages), la lune ou les étoiles. Mais celles-ci – à cause de la rotation de la Terre autour du Soleil – se déplacent d'un degré par vingt-quatre heures et constituent donc un instrument de positionnement moins fiable. Faute de pouvoir s'en servir comme d'une boussole, on peut s'y référer, une fois sa position établie. Il m'arrive souvent, après avoir déterminé l'axe de notre cap, de choisir une étoile comme point de repère, en sachant que dans une heure elle se sera légèrement décalée vers l'est. Je réajuste donc ma trajectoire en permanence, en l'éloignant de l'étoile en question.

Mais les zigzags auxquels nous obligent les obstacles en tout genre finissent par brouiller ce repère céleste. Alors, j'en reviens toujours à mes monticules de neige et à leur traîne, dont la direction correspond exactement à celle du vent, indiquée par les bulletins météo.

Encore faut-il la connaître avec certitude, même quand elle change. Et pour ça, on ne peut pas se fier à cent pour cent à nos « faveurs », ces longs rubans attachés aux poignées de nos bâtons de ski, qui claquent comme de petits drapeaux. Là encore, c'est la neige des congères qui me parle le mieux : plus épaisse du côté où le vent l'a tassée, plus mince du côté où il l'a étalée, plus dure où il l'a plaquée, poudreuse où elle a simplement dégouliné… elle est aussi lisible à mes yeux qu'une signalétique routière.

Quelquefois, Borge m'interpelle : « Tu es certain d'être sur le bon cap ? »

J'en suis tellement certain que, la plupart du temps, je ne prends même pas la peine de répondre. D'instinct, je sais toujours dans quelle direction exacte se trouve le Pôle. Borge comprend le message et ne se formalise pas. Souvent, je lui rétorque qu'il n'a qu'à vérifier à l'aide du GPS.

Quand il le fait, l'appareil lui confirme que j'ai raison. Parfois avec un décalage de quatre ou cinq degrés, que je corrige aussitôt.

Au fil des jours, je lui fais partager tel ou tel truc, parmi tous ceux qu'une longue expérience de la nuit arctique m'a enseignés. La navigation polaire nocturne est sans doute le seul domaine où – en toute modestie – j'aurais peut-être deux ou trois choses à lui apprendre…

Quand c'est à lui de conduire, il lui arrive de se retourner vers moi en me faisant comprendre qu'il a un doute sur l'exactitude de sa trajectoire. Je consulte mon GPS et le remets sur les rails. Mais de plus en plus souvent, parce qu'il assimile et utilise de mieux en mieux mes suggestions, Borge nous aligne sur un cap nord absolument parfait, ce que confirme mon GPS. Je pousse alors un grand cri de félicitations et d'enthousiasme, auquel il répond sans se retourner, en levant son bâton de ski. Je ne vois pas son visage, mais j'imagine son expression.

Des moments comme ceux-là sont de petites victoires qui consolident l'équipe et la rendent plus forte.

Sur un plan individuel, je crois aussi qu'ils nous font considérablement progresser. Quand Borge admet qu'il peut apprendre de moi, de même que je ne cesse d'apprendre de lui, nos rapports évoluent d'un cran, dans le sens de l'admiration mutuelle. Désormais, nous savons tous les deux que, quels que soient nos projets futurs, ce que nous aurons appris de l'autre nous servira toujours.

Faire la « course en tête » est un travail éreintant. Trouver la direction exacte, fixer le cap et le conserver, ouvrir la piste, la dégager, éviter la glace trop fine… Les responsabilités sont multiples et exigent de rester concentré à l'extrême, sans une défaillance, sans un moment de distraction.

Contrairement au *leader*, le suiveur a pour unique préoccupation de ne pas se laisser distancer. Pour moi, cette position équivaut à des vacances. J'en profite pour récupérer, décrocher mentalement, penser à autre chose… Dans ces moments-là, c'est auprès de ma famille que je me transporte le plus souvent. Selon l'heure qu'il est en Suisse, j'imagine Cathy conduisant les filles à l'école, préparant le dîner, répondant aux mails, à notre bureau de Château-d'Œx…

Avant que Borge ne prenne à son tour les commandes pour une heure et quart, une heure vingt, nous faisons notre première pause de la journée.

Cinq petites minutes. Assis sur les traîneaux, nous avalons quelques gorgées du contenu de nos Thermos et quelques bouchées d'un de nos compléments énergétiques. Borge a sorti la grosse doudoune rouge rangée à portée de main, juste sous la bâche du traîneau, qui lui évite toute déperdition de chaleur et d'énergie pendant cette immobilisation. J'avale mon *snack* à toute vitesse, tant j'ai hâte de redémarrer. Ces cinq pauses par jour ne faisaient pas partie de ma routine, quand je voyageais seul. Elles constituent pour moi une nouveauté à laquelle je mets un peu de temps à m'adapter.

En moins de vingt-quatre heures, le thermomètre a plongé et le vent est devenu d'une telle violence qu'il est pratiquement impossible d'aller contre. D'après la météo, la tempête qui s'est levée sur la région ne devrait pas se calmer avant vingt-quatre heures.

Au terme d'une des pires journées qu'on ait connues depuis le départ, nous décidons provisoirement de rendre les armes. Il vaut mieux attendre à l'abri que les conditions s'améliorent.

Attendre, oui, mais pas trop. Avec ce froid, on va attraper des gelures : moi aux mains, Borge aux pieds. Il faut absolument bouger. Ne serait-ce que pour compenser un peu la dérive sud de la banquise. Si elle continue à ce rythme, on va finir par se retrouver au cap Arkticheskiy !

Vingt-quatre heures plus tard, aucun signe d'amélioration. Loin de là ! Nous sommes au cœur de ce qu'on appelle un cyclone polaire, lequel se déplace en direction de la mer de Laptev.

Et la banquise continue à nous repousser vers l'arrière !

Nous progressons péniblement, empêtrés dans une neige qui nous monte souvent jusqu'aux genoux, le hurlement du vent dans les oreilles, sa morsure nous attaquant le visage en permanence. Des tapis de blocs gigantesques alternent avec des étendues ouvertes. Cinq fois de suite, nous sommes obligés de nous mettre à l'eau…

Après dix heures de marche, nous n'avons progressé que de 10 kilomètres !

Seul point positif : la glace semble gagner en épaisseur.

D'après la météo, la situation ne devrait pas s'améliorer dans l'immédiat. L'option la plus raisonnable, apparemment, consiste à maintenir le cap au nord-est, pour éviter le plus possible les nombreuses étendues d'eau libre apparaissant sur les images satellites.

Malgré tout, on tient la forme. Mais ça irait encore mieux si le vent se décidait à tourner.

Il tourne partiellement, et se met à souffler de l'ouest. Du coup, nous cessons de dériver au sud et nous réussissons même une belle progression de 17 kilomètres.

La température continue de baisser, mais le moral remonte.

Il retombe dès la matinée suivante, avec le thermomètre qui poursuit sa descente et la tempête qui, plus que jamais, fait rage.

Décision prise à l'unanimité : on reste sous la tente et on s'accorde une journée de repos. Pas volée.

L'ennui, c'est que, pendant ce temps-là, le tapis roulant va continuer à se dérouler sous nos pieds. Vers l'arrière.

Les bourrasques glacées arrivent du nord, encore et toujours. Quand ça souffle de côté, il fait moins trente-cinq. C'est supportable, grâce à la qualité de notre équipement. Mais de face, ça brûle le visage. Une torture qui, en plus, est dangereuse. Car si l'effort absorbe de l'énergie, la douleur en consomme encore plus.

Après cinq heures de marche, nous nous réfugions sous la tente. Encore un peu et les gelures commençaient à nous manger la figure. En ce qui concerne mes doigts, c'est déjà trop tard. Ils se sont remis à geler. Durant les longues heures où on trace dans la neige, le froid les insensibilise jusqu'à un certain point. C'est plus tard, une fois à l'abri, quand la chaleur du réchaud rétablit un semblant de circulation dans mes extrémités, que les coups de marteau recommencent ! Je parle de cette sensation – que je connais bien – que quelqu'un m'écrase les doigts à coups de burin…

Dire que ça fait très mal serait un euphémisme poétique. La vérité est que les mots sont trop faibles pour raconter cette douleur-là.

Au moins, la blessure n'a rien d'irrécupérable. Pour l'instant. Mais cette noirceur caractéristique apparue au bout de mes pouces, index et majeurs, me rappelle de très mauvais souvenirs. Il va falloir que je surveille ça de près et que j'empêche les choses de s'aggraver. Un cocktail d'antibiotiques et de vasodilatateurs devrait faire l'affaire.

Pas question d'échouer une seconde fois dans ma conquête du Pôle pour une histoire de doigts gelés !

Huit cent quatre-vingt-dix-sept kilomètres nous séparaient du sommet de la planète quand nous avons attaqué la journée. Le GPS en indique à présent 896 ! La soustraction est vite faite : avec la dérive sud de 1,5 kilomètre par heure, nous avons progressé en tout et pour tout d'UN kilomètre en cinq heures !

Dur…

Voilà une semaine que nous faisons du surplace. Pas besoin de nous concerter, Borge et moi, pour savoir que nous pensons la même chose : nous avons emporté des provisions pour deux mois, c'est-à-dire de quoi atteindre notre objectif en maintenant une moyenne régulière. Pas assez pour flâner en route ou faire des détours. Or il est clair que si nous continuons à dériver comme nous le faisons, nous serons à court de nourriture avant d'atteindre le Pôle.

Et à court de fuel.

D'un commun accord, nous prenons la décision de rationner les deux.

Nous avons moins mangé, au début, comme on le fait systématiquement dans les premiers jours d'une expédition, quand on n'est pas encore affamé par l'effort. C'est progressivement que nous sommes arrivés à notre consommation de croisière qui se situe aux alentours de sept mille calories quotidiennes.

À partir de maintenant, nous descendrons à cinq mille.

Moins de calories, cela veut dire que nous serons plus faibles, plus vite épuisés, plus vulnérables au froid.

Dans un environnement pareil, cela peut signifier la différence entre la vie et la mort.

Mais c'est notre seule chance d'arriver au Pôle.

Chaque nouvelle journée commence par le même bruit : le « bip… bip… bip… » du réveille-matin de Borge, celui-là même qui trônait sur la table de nuit de sa maison norvégienne. Un gadget qui fait figure de jouet en bois, à côté de notre équipement *high tech*. La chanson un rien plaintive de l'appareil est légèrement étouffée, car son propriétaire le garde enfoui dans les profondeurs de sa parka.

C'est le premier son que j'entends, après mes cinq heures de sommeil quotidiennes.

Le deuxième arrive quelques secondes après : « *Time* », annonce Borge.

Je vérifie pour la forme en jetant un coup d'œil à ma montre, mais il est toujours exact, à la seconde près.

Ce « *Time* », prononcé d'une voix grave et solennelle, me rappelle que c'est mon tour de préparer le petit déjeuner.

Je m'extrais de mon sac de couchage comme un ver à soie de son cocon (nos sacs n'ont pas de zips latéraux, juste un cordon pour les refermer au col) en le repoussant vers le fond de la tente.

Nous avons pris l'habitude, quand nous sommes « à jour » dans notre consommation de fuel, de faire notre cuisine dans le « vestibule », pour que le réchaud fasse également fonction de radiateur. Mais il faut d'abord débarrasser la surface interne de la tente de l'épaisse couche de givre que nos respirations et notre chaleur corporelle y ont accumulée pendant la nuit. Autrement, la tiédeur du « poêle » transformerait ce givre en eau, laquelle détremperait sacs de couchage, vêtements, etc., et gèlerait une fois dehors. Nous devons donc commencer, avant d'allumer le réchaud, par assécher complètement la toile. On s'y emploie tous les deux. Je me sers du couvercle de la casserole pour gratter la paroi…

Pour faire sécher la doublure antibuée de mon sac de couchage, j'utilise une méthode que j'appelle « nettoyage au froid » : elle consiste à sortir l'enveloppe en plastique du sac, à la retourner pour que la buée gèle instantanément, puis à éliminer la glace à coups de brosse.

Celui qui est de corvée de petit déj' nettoie la tente, fait fondre de la glace ou de la neige, sort les Thermos et les remplit d'eau bouillante. Ainsi, chacun pourra préparer la boisson énergétique qu'il consommera pendant la journée. Celle de Borge est à base de rouleaux chocolatés qui, mélangés à l'eau chaude, donneront un liquide dont il avalera deux litres d'ici ce soir. Quant à moi, Nestlé Nutrition m'a fourni un élément appelé « Nutrogéna » qui, mélangé à un litre d'eau, possède les vertus caloriques d'un repas complet. En plus, c'est bon. J'en bois un litre par jour.

Nos boissons respectives, préparées avec de l'eau bouillante, finiront glacées douze heures plus tard.

Borge prend son petit déjeuner – à base de céréales – comme son repas du soir : assis dans son sac de couchage, capuche rabattue et lampe frontale sur le crâne. Comme la place me manque pour en faire autant, je pivote pour m'asseoir sur mon sac tassé à mes pieds, face à mon partenaire.

Quand j'étais seul, je prenais mon petit déjeuner au lit, moi aussi. Une fois de plus, c'est moi qui fais l'effort destiné à nous accommoder tous les deux. Mais ce n'est pas une énorme concession. Et je compense – quand il y a assez de fuel – en installant le réchaud entre mes jambes, en guise de chauffage d'appoint.

Puis je passe le réchaud à Borge, qui utilise la flamme pour faire sécher sa propre doublure antibuée (lui, c'est l'école « chaleur », moi, l'école « froid »). La mienne est froissée dans un coin de la tente. Quand il a fini, je reprends le feu pour éliminer ce qui reste d'humidité sur ma doublure.

Une routine immuable… à peine troublée par un occasionnel incident. Un matin, pendant que le *porridge* de son petit déjeuner est en train de chauffer, Borge shoote involontairement dans la marmite. Le *porridge* gluant se répand dans son sac de couchage et sur le tapis de sol. Plutôt que d'être privé de son indispensable carburant de la journée, Borge entreprend alors de le déguster à la cuiller, à même le sol de la tente !

Qu'il nettoie ainsi presque entièrement.

Pendant dix à douze heures d'affilée, jour après jour, on avance l'un derrière l'autre, à quelques dizaines de mètres de distance, sans jamais ou presque échanger une parole. Quand je suis en tête et que nous traversons un passage difficile, il arrive que mon coéquipier s'accroche à la corde qui traîne à cet effet derrière ma luge. Alors, je positionne mes skis pour les bloquer et lui offrir un point de traction qui soulage un peu ses peaux de phoque.

Lui aussi a une corde derrière sa luge. Mais dans l'état où elles sont, mes mains ne me permettent pas de profiter aussi bien du système.

Quand il est devant, Borge se réduit pour moi à la petite lumière qui brille sur sa tête. Je ne vois ni son visage ni ses yeux, je ne devine pas plus ses émotions qu'il ne « lit » les miennes, et l'effort nous incite à ne pas gaspiller d'énergie en appels ou en cris que le vent avalerait. Ce sont ces deux lucioles luisant sur nos têtes qui nous donnent la force d'avancer, encore et toujours… C'est sans doute pourquoi celui qui est devant ne peut s'empêcher de se retourner régulièrement pour chercher des yeux ce seul et unique phare dans notre nuit. (Les lumières ne s'éteignent que quand le blizzard fait rage et que, même à deux mètres, nous sommes invisibles l'un à l'autre.)

Lorsque je gagne du terrain, ou que Borge est suffisamment proche de moi pour être éclairé par ma lampe frontale, je distingue nettement le 44 Magnum qu'il porte en permanence derrière son dos, dans un étui de ceinture fixé à son harnais.

J'avais moi-même une arme, pendant la plus grande partie de mon périple arctique en solo. Mais elle se trouvait au fond de mon traîneau, avec le reste de l'équipement. Borge, lui, tient absolument à avoir la sienne à portée de main. Sa phobie des ours est telle qu'il ne se sent vraiment rassuré qu'en étant prêt à dégainer à la première alerte.

Je ne partage pas sa psychose, mais je la respecte…

On ne parle pas davantage le soir, en dînant. Il est vrai que, terrassés de fatigue, on s'endort pratiquement la cuiller dans la bouche. Et puis qu'est-ce qu'on se dirait ? Qu'il fait froid ? Qu'on recule au lieu d'avancer ? Qu'on est dans la m… ? On le sait aussi bien l'un que l'autre.

Mais au petit déjeuner comme au dîner, lors des pauses comme pendant les montages-démontages du campement, nos regards communiquent intensément.

Nous n'avons pas besoin de longues conversations pour nous comprendre, nous connaître, et savoir que l'autre est capable de tenir sa place. À un certain stade, la confiance se passe de mots.

Sauf un.

« *Time…* »

C'est pratiquement le seul que Borge prononce. Mais il le prononce souvent. « *Time* » : on s'arrête et on mange. « *Time* » : on fait une pause…

Borge a sa cadence propre, un rythme sourd de salle des machines que nous appelons « le pas pesant de la marche au Pôle ». C'est une sorte de battement cardiaque lent et lourd d'apnéiste ou de marathonien, un moteur puissant doté d'un régulateur de vitesse que rien, semble-t-il, n'est capable de dérégler. Bomm, bomm, bomm… Ça tient des tambours de bronze, au tréfonds d'une jungle, et du battement métronomique accompagnant la plongée des rames d'une galère.

Ce rythme, réglé et huilé en quinze ans passés à arpenter les pôles, n'est pas le mien. C'est une chaussure admirable, mais qui n'est pas à mon pied. D'une manière générale, je marche un peu plus vite que Borge. En outre, si nous utilisons tous les deux, pour nous réchauffer ou faire baisser notre température corporelle, le principe des couches de vêtements qu'on rajoute ou enlève (sans oublier la « cheminée » zippée de ma parka, pour évacuer la chaleur excédentaire), je suis plutôt un adepte du changement de rythme : accélérer pour se réchauffer, ralentir pour se refroidir.

Un soir, sous la tente, Borge aborde le sujet :

— Mike, il faut que tu ralentisses un peu.

Je ne m'étais pas rendu compte que mon rythme, quand je suis en tête, l'obligeait à faire un effort pour me suivre. Il m'est arrivé, une fois, de le semer involontairement – j'ai ressenti un début de panique lorsque, me retournant, je n'ai plus vu la lueur de sa lampe frontale –, mais il est réapparu au bout de quelques instants.

Cela dit, il n'a pas tort. Il est essentiel de régler notre pas l'un sur l'autre, d'avancer à la même cadence. De trouver une vitesse de croisière qui nous convienne à tous les deux.

Dès la reprise, je m'efforce de ralentir pour que nous soyons à l'unisson.

Désormais, nous marchons du même pas. Parfois, le naturel reprenant le dessus, j'accélère à nouveau sans même m'en rendre compte. Aussitôt, Borge me rappelle à l'ordre. Je rectifie le tir et ça repart…

Cet effort est légèrement contraignant, dans un premier temps. Durant toutes mes expéditions en solitaire, je ne me suis jamais trouvé dans l'obligation de surveiller ma vitesse. Mais je constate vite que cette concentration supplémentaire permanente qui m'est imposée m'occupe l'esprit, m'empêche de m'égarer dans des angoisses et, au bout du compte, rend les heures moins longues.

De plus, elle me rappelle sans cesse que je ne suis pas seul ; qu'il y a quelqu'un d'autre avec moi. Et cette évidence m'apporte un certain réconfort.

C'est encore Borge qui, chaque soir, choisit l'emplacement de notre campement. Je sais que je peux m'en remettre à son jugement pour éviter de nous faire bivouaquer trop près d'une zone de pressions ou au bord de l'eau, sur le territoire de chasse des ours, dont les phoques constituent la nourriture de base. (À éviter aussi : les trous percés par les phoques dans la banquise pour respirer à la surface. C'est là que les ours les guettent pour les harponner d'un coup de griffe…)

Tout ça, Borge le sait parfaitement.

Je n'ai donc aucune raison de m'en mêler.

La nuit, qui nous environne et nous enserre comme une menace, nous plonge dans une insécurité permanente, nous rapproche aussi, Borge et moi. Nous fonctionnons serrés l'un contre l'autre comme deux travailleurs à la peine, deux naufragés du froid que leur instinct pousse à rester groupés pour se protéger – illusoirement ! – contre les dangers de l'extérieur.

Ce qui ne nous empêche pas de préserver chacun notre espace personnel. Surtout sous la tente, où nous prenons garde de ne pas trop mordre sur celui de l'autre. Seul le sommeil abolit cette barrière et fait tomber nos réserves. Quand, au milieu de la nuit, on glisse visage contre visage et qu'on ouvre soudain un œil… le réflexe commun est de se jeter en arrière pour regagner son territoire.

Ainsi font les animaux… et les gens civilisés.

Nous sommes devenus un mélange des deux.

10

Les dents du froid

Ainsi va notre nuit. De longues marches de forçats dans les gravats de glace, suivies de luttes interminables contre le *pack*, ces montagnes de glace qui nous bloquent le passage, de jeux de piste dans les couloirs étroits des crêtes de compression, et aussi, parfois, de glisses faciles sur des autoroutes de neige. Les murs de glace qui ne veulent rien savoir. Les traîneaux qui, telles des mules, refusent soudain d'avancer et se bloquent dans le moindre interstice. Et l'eau, noire et vaste, qui, après dix heures de bataille éreintante, nous nargue en s'étalant soudain en travers de la route. La parka rouge de l'autre, unique tache colorée dans cette palette de gris, sa lampe frontale, qui danse au loin dans notre champ de vision, comme un rappel de la direction à suivre. Les brûlures du froid qui nous rongent le visage, les douleurs permanentes dans les doigts (pour moi) et les pieds (pour Borge), qu'on essaie d'oublier. Les pensées qui s'évadent vers un coin de confort et de chaleur, vers « elle »… et sont ramenées brutalement à une réalité qui punit durement la moindre distraction. Les clameurs du vent, assourdissantes et interminables, capables de rendre fou. Les immenses fragments glacés qui éclatent comme des gaufrettes avec des bruits de pétards ; la stridulation languide de la glace, dont on essaie instinctivement de situer la provenance, avec la peur que celle-ci se trouve sous nos pieds. Les éclatements qui nous arrachent au sommeil et nous électrisent la colonne vertébrale, au fond de nos sacs de couchage…

La faune, invisible dans l'obscurité, mais présente, comme en témoignent les traces d'ours et de renard que nous croisons de temps en temps…

Et l'autre, au milieu de tout ça, dont on ne sait plus s'il est la moitié de nous-même ou un reflet. L'autre, cet ami, ce frère, cet inconnu qui tient notre vie entre ses mains…

La nuit dernière, nous n'avons dérivé au sud que d'UN kilomètre ! Et les vents ont l'air de tourner.

Dur, ce 17 février, comme tous les jours ; mais on avance, en se colletant avec une neige abondante et de gigantesques masses compactes qui nous ralentissent. Le vent retombé, nous avons l'impression de glisser vers le nord-est. Ça tombe bien, c'est par là qu'on va.

Est-ce une illusion ? L'envie de revoir le jour qui fait fabriquer des mirages à nos esprits délirants ? On dirait que la nuit est moins noire, soudain. Nous apercevons la lune et les étoiles. Mais nos lampes frontales restent nécessaires pour éclairer les reliefs du parcours.

Le ciel s'est dégagé, mais le froid s'est intensifié. Moins trente-cinq. La plus basse température que nous ayons connue jusqu'à présent. Mes trois doigts gelés en 2002, où le sang ne circule plus comme avant, me font souffrir. J'ai beau les surveiller de près, je n'arrive jamais à les réchauffer totalement.

Mais j'ai appris à gérer cette douleur. Et même à l'apprécier : tant qu'elle existe, mes doigts ne sont pas morts.

Mon nez non plus, si j'en crois la brûlure quasi permanente qu'il me cause.

Celle-là est de ma faute. Mon extrémité nasale est aussi fragile que mes doigts, depuis Arktos. Mais si elle me fait souffrir, c'est moins à cause du froid extrême que de mon imprudence.

J'ai trouvé le moyen de me geler le nez en dormant !

Contrairement à Borge, qui dort avec un masque intégral dont le filtre de plastique réchauffe l'air qu'il inspire, j'ai cru pouvoir passer mes nuits le visage découvert. Résultat : j'avais le nez gelé deux semaines à peine après le début de l'expédition, m'infligeant à moi-même un handicap supplémentaire dont j'aurais pu me passer. Pour soulager mon appendice nasal, je plaque régulièrement dessus une poignée de neige gelée, beaucoup moins froide que l'air ambiant.

En prime, j'ai développé une gelure au menton. Moins visible sous la barbe, mais tout aussi douloureuse.

Mes genoux et mes tibias, enfin. À force de travailler à quatre pattes sous la tente, de me frotter au sol glacé, je me suis fait des blessures ouvertes que le froid a investies…

Un autre mirage ?… sonore, cette fois ? Borge et moi, nous nous figeons dans le même réflexe quand une sorte de rugissement sourd se fait entendre, tout au fond de la nuit. Depuis que nous sommes partis, c'est le premier son qui nous arrive, hormis les hurlements quasi permanents du vent.

Ce n'est quand même pas le yeti !

Non, c'est un jet, qui vient de passer à quelques milliers de mètres au-dessus de nos têtes. Ce bruit de réacteurs, pourtant familier, fait un drôle d'effet quand on l'entend ici, hors du monde.

Nous couvrons 10 kilomètres en sept heures. À la fin de la journée, nous sommes à 82° de latitude nord.

Dans des conditions normales – si tant est que les conditions puissent jamais être « normales » dans cette partie de la planète –, on ne met pas plus de trois ou quatre jours, depuis le cap Arkticheskiy, pour atteindre cette latitude.

Nous avons mis vingt jours !

Tout ce que nous avons enduré jusqu'ici n'est rien à côté de la frustration à l'idée que pendant tout ce temps, nous n'avons pas progressé de façon significative en direction de notre objectif. Toujours ce tapis roulant infernal ! Si l'Arctique ne nous tue pas, il nous rendra fous !

Puisque nous comptons en jours le temps qui s'est écoulé depuis le départ, et en rations alimentaires celui qui nous reste pour atteindre le Pôle, le calcul est le suivant : nous avons emporté soixante-sept jours de rations. Ôtés les vingt jours que nous venons de passer à faire du surplace, ça nous laisse quarante-sept jours de nourriture pour parvenir à notre objectif.

Plus… une réserve spéciale, une portion de survie à laquelle on n'a pas le droit de toucher et dont on est censés, même, oublier l'existence… sauf si la nôtre en dépend.

Nous qui n'avons jamais douté, nous nous demandons sérieusement si nous allons y arriver.

Pour la seconde fois depuis le départ, Borge prend la décision de nous rationner. Pas d'une façon drastique, comme la première, mais au jour le jour, pour faire durer le stock une semaine de plus.

L'épreuve n'est d'ailleurs pas si terrible, car on ne rogne pas sur les rations elles-mêmes, mais sur les

« extras ». On ne réduit pas les portions du petit déjeuner ou du dîner, mais on s'abstient de consommer le poisson séché ou les cinq kilos de chocolat et les soupes que nous avons respectivement emportés pour caler un « petit creux » ou calmer une soudaine fringale.

On économise donc sans trop se priver, en sachant que ça devrait suffire à nous nourrir jusqu'au Pôle. En sachant aussi que ça sera dur.

Nous nous consolons en nous disant que, *primo*, nous ne sommes plus « qu'à » 876 kilomètres du Pôle ; et, *deuxio*, que nous avons franchi la ligne au-delà de laquelle la banquise est censée s'aplanir.

Dommage que la banquise n'ait pas l'air d'être au courant, car le terrain est toujours aussi accidenté.

Au moins l'état de la glace s'améliore-t-il un peu. De jour en jour, elle devient plus épaisse et les ouvertures liquides moins vastes.

Au-delà des 82° de latitude nord, le « terrain » devrait normalement être beaucoup plus praticable. Après 85°, on pourrait s'attendre à une véritable autoroute.

Même quand le vent retombe, il fait moins trente-six ! L'état de mes doigts s'aggrave. Ça me fait de plus en plus mal. Plus mal encore que d'habitude. À tel point que je finis par suggérer à Borge qu'on s'en tienne là pour aujourd'hui. Il faut absolument qu'on monte la tente tout de suite, pour que je me réchauffe les mains. Si on attend une heure de plus, ça risque d'être trop tard. Et trop tard, ça veut dire la fin de l'expédition. Pour moi, en tout cas.

Borge est d'accord, d'autant qu'il a un problème similaire – quoique à un stade moins avancé – avec ses pieds.

Une fois à l'abri, je réussis à rendre un peu de vie à

mes trois bouts de viande en voie de putréfaction. C'est le pouce, surtout, qui est dans un sale état. Gonflé de pus, il ressemble à une énorme saucisse sur le point d'éclater. Pour le soulager, j'emploie les grands moyens en enfonçant une aiguille à travers l'ongle, jusque dans la chair. L'abcès crevé libère une quantité impressionnante de « jus » peu ragoûtant.

Borge a une grimace horrifiée. Mais l'opération a le mérite de me soulager.

Constatant le sérieux de mon état, mon coéquipier m'offre spontanément la paire de moufles « norvégiennes » de rechange qu'il a emportée à tout hasard. Ce sont de vastes gants doublés de laine, montant jusqu'aux coudes, que je pourrai facilement enfiler par-dessus les miens et qui me réchaufferont un peu les doigts.

J'accepte sans hésiter. Cette couche supplémentaire devrait me protéger assez longtemps pour ne pas compromettre le succès de notre expédition.

Je reconnais bien, chez Borge, ce sens du partage qui caractérise les grands aventuriers et les familiers de l'extrême.

De mon côté, je lui offre ma paire de moufles de réserve. Bien sûr, il a les siennes, mais il se trouve que les miennes sont finalement mieux adaptées à ses besoins.

Un échange de bons procédés, en quelque sorte.

Le paysage ne change pas beaucoup : étendues gelées, râpeuses et accidentées, entre deux montagnes de congères géantes… Mais nous dérivons maintenant vers le nord ! Et d'après la météo, ça devrait continuer au moins quelques jours !

Chaque kilomètre gagné nous remplit de joie et de gratitude. Nous en avons parcouru 154 en tout. Douze hier (avec un supplément de 4 kilomètres, dû à la dérive), 17 aujourd'hui, en comptant 0,6 kilomètre par heure de dérive nord-est. Notre record absolu, depuis le départ !

Nous sommes à 840 kilomètres du Pôle.

Les vents retombent et se mettent à souffler du nord-est. Nous ne dérivons plus vers le nord, mais aucun courant ne nous ramène en arrière, ce qui est l'essentiel.

Nous parcourons 17 kilomètres en neuf heures et demie.

Voilà trois semaines que nous sommes partis. Comme prévu, la glace est devenue plus « praticable » à partir de 82° de latitude nord, mais les montagnes de *pack* – ces gigantesques blocs entassés pêle-mêle – sont toujours aussi nombreuses. Les escalader ou tâcher de se faufiler dans leurs interstices, c'est s'attaquer à un « palais des mirages » qui a de quoi rendre fou. Quelle que soit la direction où le regard se porte, un bloc ou une paroi glacée, soudain illuminé de l'intérieur, nous renvoie en plein visage la lumière de nos lampes frontales, nous aveugle avec nos propres faisceaux. C'est sa manière de nous dire : « Non, pas par ici… Ici non plus, on ne passe pas ! » Alors on cherche à se glisser ailleurs, puis ailleurs… Je regarde rebondir la lumière de ma lampe sur les masses blanchâtres, je la vois disparaître dans les failles. Je voudrais être cette lumière, ce trait fragile et aérien que rien n'arrête, qui danse vers la liberté… Et puis, soudain, le pinceau de nos lampes ne rencontre plus que le noir. C'est le signe qu'enfin on a trouvé la faille, le couloir qui va nous conduire de l'autre côté ou, tout au moins, nous permettre d'avancer de quelques mètres.

Chaque fois que c'est possible, on contourne l'obstacle. Ces gros détours, en fin de compte, ne prennent pas plus de temps que la bataille livrée pour passer au travers. Moins, parfois.

Avec le froid qu'il fait depuis quelques jours, la plupart des ouvertures d'eau libre se sont refermées, ce qui nous offre de grandes étendues où on peut progresser à l'aise, sans craindre de passer au travers. On a l'impression de foncer. D'autant qu'en trois semaines, notre chargement de nourriture et de fuel a considérablement diminué, allégeant d'autant nos traîneaux.

Ce n'est plus une illusion : l'obscurité est moins obscure… tout au moins pendant ces quelques heures, en milieu de journée, où la pleine lune illumine ce qui ressemble au crépuscule polaire. L'horizon est irisé d'une sorte de phosphorescence à laquelle, hélas ! nous tournons le dos. Imperceptiblement, les arêtes gelées, les saillies sculptées par le vent, les lèvres noires des bouches d'eau se révèlent suffisamment pour nous aider à mieux définir nos itinéraires.

S'il n'y avait pas cette douleur lancinante, ce serait quasiment des vacances. Le froid, qui aplanit la route, assassine mes doigts. J'ai changé de gants, je prends quotidiennement de l'aspirine pour fluidifier mon sang et, de temps à autre, un vasodilatateur pour améliorer la circulation. J'ai l'impression que tout ça me fait du bien. Pour l'instant.

Ce soir, comme tous les soirs, j'envoie un petit résumé de la journée aux amis et aux visiteurs de mon site Web. Je tente de l'illustrer de quelques photos, mais… il n'y a pas que mes doigts, apparemment, qui cessent de fonctionner en dessous de moins quarante.

Au matin, alors que nous replions le campement, un de nos arceaux de tente en aluminium se brise en quatre morceaux, sous l'effet du froid, quand je veux le replier. Je me fais engueuler par Borge, qui pense que j'ai forcé l'articulation ou commis une quelconque maladresse. Mais j'ai vécu des mois par des températures allant jusqu'à moins soixante... et je n'ai jamais cassé un arceau de tente ! Borge est bien obligé d'admettre que la faute en incombe à ses sponsors, et à la qualité pour le moins discutable de leur matériel.

Heureusement que nous avons deux arceaux de rechange... ainsi que trois « manchons », sortes de tubes où s'emboîtent les deux morceaux cassés et qui les maintiennent comme un os brisé dans un plâtre.

Cette fois, l'extrémité de mes pouces est en train de virer au noir. C'est douloureux, donc pas encore critique. Faute de pouvoir faire plus, je me contente de prendre les précautions nécessaires pour que ça n'empire pas.

Si seulement il pouvait faire un peu moins froid.

En tout cas, il peut difficilement faire *plus* froid !

20 kilomètres, aujourd'hui. Un record. On plante la tente à 802 kilomètres du Pôle, et la dérive devrait nous en faire gagner deux de plus durant notre sommeil !

Dommage qu'il soit pratiquement impossible de dormir par un froid pareil...

Dommage... parce que, quand je dors, je rêve d'une farandole de marshmallows enrobés de chocolat ! Dans l'état où je suis, j'en avalerais des kilos ! Borge, lui, me confie qu'il rêve de tarte aux mûres à la crème. Chacun ses fantasmes. Il arrive toujours un stade, quand on est coupé du monde et de toute vie normale pendant suffisamment longtemps, où le cerveau commence à vous jouer des tours. En général, plus les conditions dans lesquelles on évolue sont dures, plus les rêves sont doux et sucrés. Si on y réfléchit, il y a là un phénomène de compensation assez logique.

Quelqu'un a dû entendre ma prière, car il ne fait « que » moins vingt-huit, ce matin. Normal : le vent est retombé. La journée devrait être moins dure.

Eh bien… non. Le *pack* des crêtes de compression s'étend à perte de vue. Pas la peine de songer à le contourner. Nous passons douze heures de suite à hisser nos traîneaux par-dessus des blocs qu'ils refusent d'escalader, à les pousser entre des congères où ils restent coincés, à les arracher à des trous… C'est vrai qu'ils sont plus légers qu'au départ. Mais aujourd'hui, sous l'effet du froid – le thermomètre retombe à moins trente-cinq –, la neige acquiert une consistance de papier de verre. Je ne connais que trop ce phénomène, qui la rend râpeuse et fait que les traîneaux ont tendance à y adhérer. Même dans les descentes !

Vivement qu'on sorte de ce piège où, à force de se traîner, on ne parcourt que 14 kilomètres dans la journée.

Modeste consolation : ce léger éclaircissement de l'obscurité qui a lieu en milieu de journée et qui, imperceptiblement, s'accentue. D'ici trois ou quatre jours, on pourra peut-être même éteindre les lampes frontales pendant une petite heure.

11

Partager, sinon rien

Borge, dont le bricolage est le domaine réservé, a tenu à réparer lui-même – à l'aide d'un de nos trois « manchons » – l'arceau de tente qui m'a cassé dans les mains, il y a deux jours. Et voilà que soudain, en repliant le campement… TCHLAAK ! C'est à lui qu'arrive la même mésaventure !

Je m'abstiens de tout commentaire. Ce serait inutile : je sais trop ce qu'éprouve mon partenaire. Ayant choisi cet équipement, il se sent à la fois responsable et déçu d'avoir fait confiance à des fournisseurs qui l'ont trahi.

Je le comprends et n'ai aucune envie de l'accabler.

N'empêche que son sponsor aurait pu faire tester la résistance de ce matériel aux températures extrêmes, avant de le livrer à un homme comme Borge Ousland ! Qui n'a eu que le tort de faire confiance les yeux fermés à son équipementier habituel. Lequel, sans doute pour des raisons économiques, a dû récemment se mettre à faire fabriquer ses arceaux de tente dans une quelconque officine taiwanaise.

Quoi qu'il en soit, les marchands d'articles de sport étant plutôt rares dans le quartier, on peut difficilement aller acheter une autre tente. Il va donc falloir faire avec celle-ci… et ses arceaux en sucre.

Nous prions tous les deux pour que cette réparation tienne jusqu'au Pôle.

La fatigue d'une journée particulièrement dure s'ajoute au reste : entre Borge qui avale des médicaments pour ses genoux, et moi qui en prends pour soulager mes mains rongées par les gelures… on fait une belle équipe d'éclopés. Je n'arrive même plus à soulever mes skis, dans les moments où, par exemple, je dois déchausser pour trouver un passage.

En plantant la tente à 786 kilomètres du Pôle, on se surprend à penser avec envie aux vingt-quatre heures de repos qu'on devrait pouvoir prendre, si tout va bien, d'ici cinq jours. Ce sera notre second jour de « congé » depuis le début de l'expédition. On ne l'aura pas volé.

Malgré une légère dérive nord-est, et bien que nous soyons toujours empêtrés dans le *pack*, nous progressons, ce 14 février. Le vent du sud, qui souffle entre 5 et 6 mètres par seconde, fait chuter la température de moins vingt-sept à moins quarante, tout en soulevant un *fog* blanc qui n'arrange pas la visibilité, mais diminue la profondeur de la neige. En conséquence, les traîneaux glissent mieux. Malgré cela, on ne fait – péniblement – que 15 ou 16 kilomètres dans la journée.

Quand je prends mon téléphone satellite pour passer un coup de fil à la maison, je tombe sur ma fille de onze ans, Jessica, qui me chuchote : « Papa, c'est la Saint-Valentin, il faut que tu la souhaites à maman ! »

Elle fait bien de me le rappeler. J'y ai pensé toute la journée (j'ai en permanence le calendrier à l'esprit) et, au moment de mon appel quotidien, ça m'est complètement sorti de la tête…

En expédition, je ne parle qu'à ma femme. Ou aux filles, bien sûr. Non seulement pour des raisons affectives évidentes, mais aussi parce que, en ce qui me concerne, le boulot passe par la maison. Et la maison, c'est Cathy. Elle est à la fois mon attachée de presse, ma directrice de communication, mon organisatrice en chef. À tous ces titres, elle fait plus que suivre cette aventure : elle la vit en *direct live*. Elle en est partie intégrante, comme elle l'a été lors des expéditions précédentes.

De son côté, Borge appelle fréquemment Venka, sa femme, et leur fils Max. Mais Venka ne joue pas le même rôle auprès de lui que Cathy auprès de moi. Il la tient au courant dans les grandes lignes, mais donne davantage de précisions à Olav, l'homme qui s'occupe de son site Web.

Nous atteignons 83° de latitude nord. La glace devient plus ancienne, donc plus épaisse. Là où les zones de compression soulevaient des éclats plus fins, formant de gros monticules qu'il fallait escalader, les blocs sont désormais plus massifs et s'écrasent les uns contre les autres avec une puissance magnifiée.

Une dérive nord-ouest de 0,3 à 0,6 kilomètre par heure nous pousse dans la bonne direction. Sur la fine couche de neige fraîche, les traîneaux glissent – enfin – comme des pinceaux sur de la soie…

Les vents de sud-est qui soufflent à 10 mètres par seconde ne devraient pas tarder à tourner, pour venir du nord nous brûler à nouveau le visage.

Voilà qui ne va pas arranger mon nez…

Profitant de ces conditions optimales pendant qu'elles durent, nous établissons un nouveau record : 27 kilomètres. Plus que 741. Si on maintient une moyenne de 20 kilomètres par jour, on aura assez de vivres pour atteindre le Pôle. Rappelons qu'on a une petite réserve de sécurité de trois jours… au cas où.

La pleine lune retombe sous l'horizon, nous abandonnant une fois de plus aux ténèbres. Malgré les obstacles du *pack*, nous couvrons 17 kilomètres. On ne se plaint pas. Le vent, qui a soufflé fort toute la journée, retombe au moment précis où nous installons le campement. Outre qu'il fait un peu moins froid, c'est la première fois que nous allons dormir en silence, sans ces hurlements incessants et les claquements de la toile, qui bat comme un foc en pleine tourmente.

Pour ce qui est de la cohabitation au quotidien, nous observons une convention de base : essayer de rendre la vie de l'autre aussi confortable que possible.

Dans une optique de respect mutuel, nous faisons nos besoins à l'extérieur de la tente. Pas évident, par ce froid. Mais chacun doit avoir droit à un minimum d'intimité.

Dans l'ensemble, notre mode de fonctionnement comporte toujours une certaine dose de flou. Qu'il s'agisse du rôle de chacun dans le montage de la tente – qui plante les mousquetons et attache les câbles, pendant que l'autre prépare l'intérieur ? –, ou de qui fait quoi une fois dedans… nous avons tendance, l'un comme l'autre, à continuer à nous comporter comme lorsque nous étions seuls. Parfois, il résulte de ces habitudes de « vieux garçons » des *clash soft* qui ne tirent pas à conséquence : Borge et moi nous précipitant ensemble sous la tente, par exemple, pour dégivrer l'intérieur, alors que l'un de nous devrait être dehors, en train de consolider ses attaches…

Il devient vite évident qu'il va falloir définir et réglementer tout ça. Cuisiner, nettoyer la tente, etc., rien ne peut être laissé à l'improvisation. D'ailleurs, on s'en rend compte rapidement et on corrige d'instinct, automatiquement, presque sans une parole. À mesure que l'expédition progresse, nos gestes quotidiens gagnent peu à peu en harmonie.

Aussitôt qu'on s'est arrêtés pour la nuit, je sors la tente du traîneau et je la déplie. J'assemble les trois arceaux de ce modèle en «tunnel» et je maintiens un côté de la toile contre l'extrémité de la cage, que Borge n'a plus qu'à envelopper comme un polochon avec sa housse.

Pendant que je déballe la tente, Borge retire sa parka et enfile sa doudoune «d'intérieur», comme d'autres mettraient leur robe de chambre. Elle lui permet, comme pendant les pauses de la journée, de ne rien perdre de sa chaleur corporelle et de conserver toute son énergie pour les tâches extérieures (assurer les fixations de la tente au sol, etc.). Ainsi protégé, il peut prendre son temps.

Moi, je préfère garder ma parka et accélérer le mouvement, expédier ce que j'ai à faire dehors pour me retrouver aussi vite que possible sous la tente, à l'abri des éléments.

Pour ne défavoriser personne, nous alternons.

Tel jour, Borge est le premier à se glisser à l'intérieur, pour éliminer à coups de brosse la neige et le givre qui s'y trouvent. Il installe le tapis en mousse isolante, que nous avons fait faire sur mesure et qui recouvre toute la surface du sol, puis le brosse à son tour. Enfin, il déroule les sacs de couchage.

Immédiatement après, il allume le réchaud, afin que celui-ci, avant même de servir à préparer le dîner, commence par dégeler l'atmosphère.

Pendant ce temps, j'entasse de la neige sur les clapets de fixation prévus à cet effet pour maintenir la tente au sol, je plante les skis en les reliant aux attaches de la tente, et j'y fixe les traîneaux pour achever de lester l'ensemble.

Le lendemain, nous inversons les rôles. Borge consolide la tente, je prépare l'intérieur. On change de nouveau le jour d'après, et ainsi de suite.

Après avoir enlevé nos chaussures et les avoir entourées de neige, pour que celle-ci en absorbe l'humidité, nous les abandonnons dans le « vestibule », avec nos grosses chaussettes de laine. Les autres, les plus fines, on les garde aux pieds. Une fois ôté le sac en plastique qui les enveloppait, elles sècheront dans le sac de couchage, à la chaleur du corps.

Toujours aussi concerné par les ours et le danger qu'ils représentent, Borge ne déroge jamais à l'installation, devant l'entrée de la tente, du pistolet lance-fusées éclairantes relié à son fil.

Je ne suis pas convaincu de l'efficacité – ni de l'utilité – de cet instrument de dissuasion. Si ça ne tenait qu'à moi, je m'en passerais volontiers. Mais Borge, d'un naturel plus anxieux, y tient absolument.

Tant que c'est lui qui se charge de le mettre en place…

Avant de nous installer sous notre abri, nous passons deux bonnes heures à retirer à la brosse la plus petite parcelle de glace ou de neige accrochée à nos gants (dont les trois couches sont toutes remplies de glace), parkas, chaussettes, masques, chaussures… Si cette glace – qui provient pour l'essentiel de la condensation de notre transpiration – n'est pas éliminée chaque jour, elle risque de « frigorifier » notre équipement et de le rendre dangereux à utiliser.

Plonger ses mains dans des gants glacés, par

exemple, est la meilleure recette pour se geler les doigts. Surtout dans mon cas.

Dans nos « antichambres » respectives (Borge à l'avant, moi à l'arrière), nous nous activons laborieusement, consciencieusement. Le fait de nous trouver aux deux extrémités de l'abri et de nous tourner le dos ne facilite pas la conversation…

On dépose ensuite à l'intérieur nos sacs d'affaires personnelles, à leur emplacement précis. Et on rentre les courses. C'est-à-dire, sorties des traîneaux, les rations qu'on va consommer ce soir.

Cuisiner dans le « vestibule » de la tente diminue les risques d'y mettre le feu, même si, à l'allumage, le réchaud produit une longue flamme assez dangereuse. Une fois ou deux, on a frôlé la catastrophe.

Dans un espace aussi confiné, les petites brûlures subies, çà et là, par une doudoune, un sac de couchage, etc., sont inévitables. On a eu notre quota, depuis le début de l'expédition. Jamais rien de grave. Mais il vaut mieux ne pas continuer à tenter le diable.

Dès que l'eau est chaude, nous en remplissons deux petits flacons de plastique qui nous réchauffent les mains, et deux autres que nous glissons au fond de nos sacs de couchage, pour nous réchauffer les pieds.

Arrive enfin le meilleur moment de la journée : celui où, emmitouflés dans nos sacs, on avale notre repas chaud du soir.

Il faut avoir vécu dans ces conditions, par ces températures extrêmes, pour comprendre vraiment ce que signifie « être réchauffé » par de la nourriture.

Borge me confie soudain que la sienne est trop riche. Ses rations, trop chargées en graisse et en huile, lui donnent des brûlures d'estomac. Est-ce que je verrais

© Sebastian Devenish

Après mon tour du cercle arctique en solo, je décide d'atteindre le pôle Nord, de nuit avec Borge Ousland. 1 000 kilomètres, sans assistance ni ravitaillement et sans lumière… Un exploit qui n'a jamais été tenté car il défie toutes les lois de la raison. Une personne seule ne pourrait pas revenir vivante ; c'est pour cela que nous partons ensemble, deux aventuriers déterminés et prêts à affronter l'impossible.

À la conquête du Pôle

© Sebastian Devenish

Le 21 janvier, l'hélicoptère vient de nous déposer au cap Arkticheskiy, à l'extrême nord de la Sibérie. Les pilotes nous attendent, convaincus que nous allons repartir avec eux, tant le gouffre qui s'étend devant nous est terrifiant. Mais nous sommes décidés à poser nos skis sur l'Arctique, coûte que coûte.

© Sebastian Devenish

Nous voilà, Borge Ousland et moi, prêts à nous enfoncer dans la nuit arctique et ses dangers. Pour chacun de nous, ce sera l'aventure la plus risquée de sa « carrière ».
Équipés des skis à la tête par nos sponsors, notre vie dépend de la qualité et de la fiabilité de notre matériel.

© Mike Horn

Nous avançons dans le noir avec, au total, plus de 400 kilos de matériel derrière nous. Désormais et pour les deux mois à venir, notre seule lumière sera celle de nos lampes frontales.

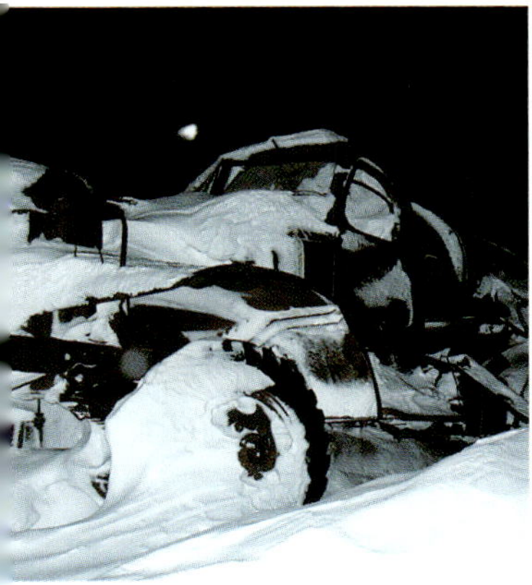

© Mike Horn

En avançant vers l'océan, nous passons tout près de la carcasse d'un camion militaire abandonné, vestige de la guerre froide. Sa silhouette fantomatique émerge de la nuit comme un avertissement : ici s'arrête toute activité, toute vie humaine.

© Mike Horn

Mes skis, modèle unique, « customisés » par mes filles. Leur manière à elles de participer à l'expédition, et pour moi, d'emporter un peu d'elles sur la banquise !

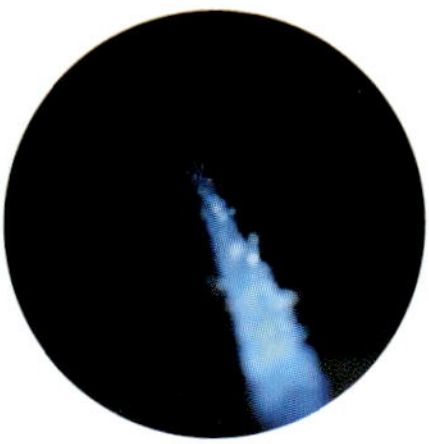

Nous évoluons dans le noir total. Un filin bleu dans la nuit nous relie au traîneau qui contient tout ce dont notre vie dépend.

© Mike Horn

Mon ami, Borge, que je surnomme le « Roi de l'Arctique ». Pour réussir l'exploit fou que nous tentons, nous savons que nous sommes faits l'un pour l'autre.

Dans l'eau

© Borge Ousland

À peine partis, nous nous trouvons face aux premières étendues d'eau « ouverte » ou « libre ». Des gouffres terrifiants qu'il va falloir traverser à la nage.

© Borge Ousland

Immergés dans l'eau noire à 3 °C, 4 000 à 5 000 mètres d'océan Arctique sous les pieds, nous ne survivons que grâce à nos combinaisons étanches. En sortant, il faudra se rouler dans la neige pour que celle-ci nous sèche en absorbant l'humidité résiduelle.

Aujourd'hui, c'est la cinquième fois que nous plongeons dans l'eau glacée. Dans cette obscurité totale, nous n'avons aucune idée de la distance à parcourir… et au bout de vingt minutes, malgré nos combis, c'est l'hypothermie et la mort assurées.

Borge se lance en premier…

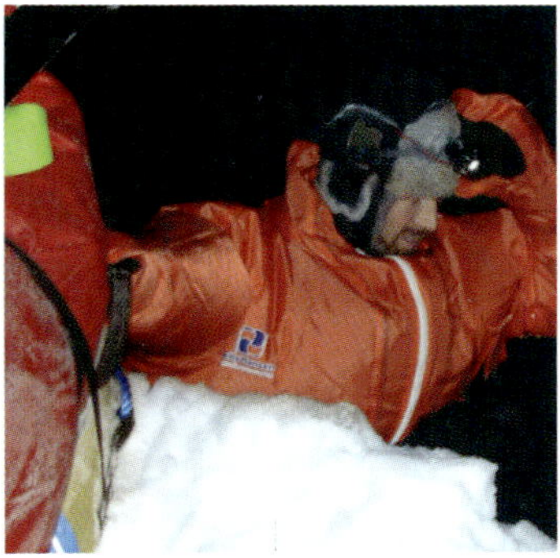

© Mike Horn

Et moi en deuxième…

Enfin, nous arrivons à l'autre bord. Sauf que ce n'est pas une rive, mais une soupe de glace qui se dérobe sous nos gants.

© Mike Horn

Borge est remonté sur la « glace ferme ». Il ne lui reste plus qu'à hisser les 100 kilos de son chargement.

Dans la neige mi-glacée, mi-fondue, nous avançons en rampant. Nous nous battons pour chaque mètre gagné.

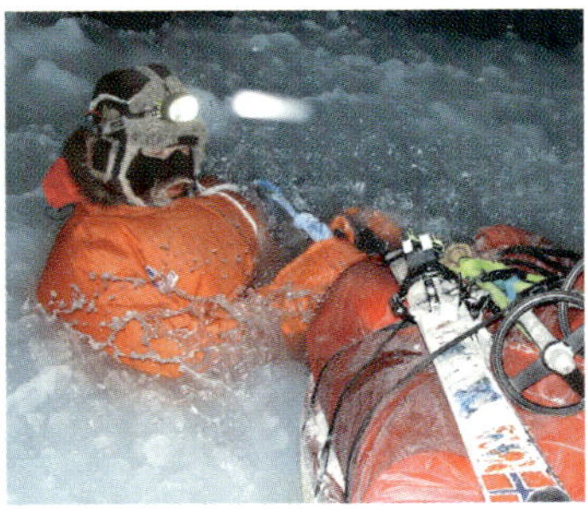

© Mike Horn

La glace est si friable que nous passons au travers ! Heureusement que nos combis sont là !

Sous la tente

Après une journée où nous avons marché pendant plus de dix heures, nous nous retrouvons sous la tente. À présent, il va falloir apprendre à vivre à deux dans cet espace confiné. Gérer notre cohabitation forcée dans deux mètres carrés ne sera pas la moindre de nos épreuves.

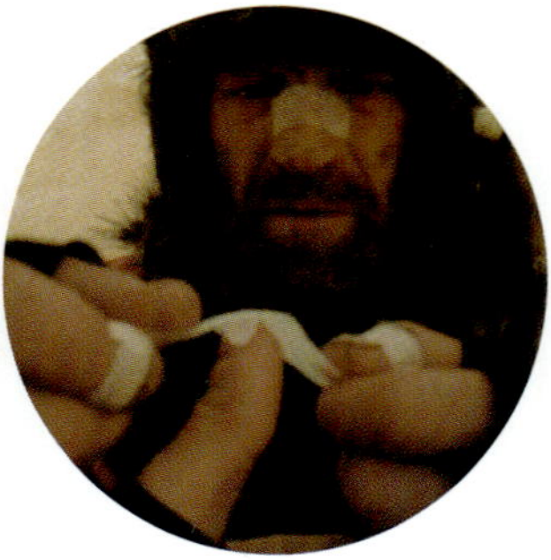

Borge joue aussi les infirmières et m'aide à soigner mes doigts gelés. C'est ça l'esprit d'équipe !

Le soir nous faisons aussi nos réparations. La nuit dernière, un ours, attiré par nos provisions, a déchiré la housse de mon traîneau que je dois recoudre.

Quels que soient l'heure et notre état de fatigue, nous essayons toujours de donner des nouvelles à nos amis.
D'abord les branchements : je relie mon Pocket Pc à mon téléphone satellite, pour pouvoir envoyer les images de la journée. Mais quand le froid est trop extrême, plus rien ne fonctionne.

Franchir les obstacles

Nous progressons toute la journée sur une immense mosaïque brisée, où la glace a explosé comme du verre, projetant des morceaux géants un peu partout.

© Mike Horn

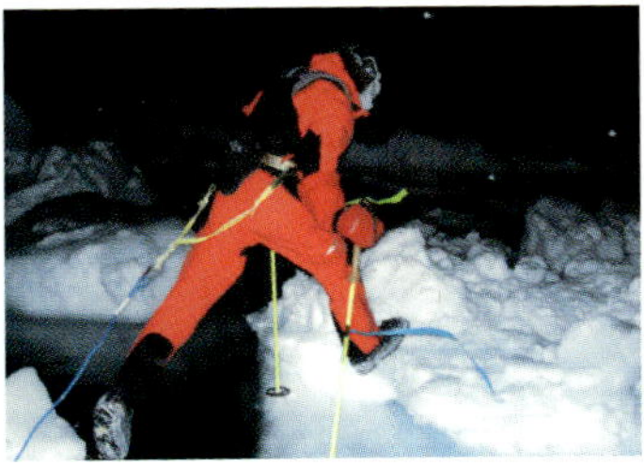

© Mike Horn

Nous sautons entre les blocs de glace sans prendre le temps d'enfiler nos combinaisons de survie. Si nous plongeons, l'hypothermie sera quasi immédiate.

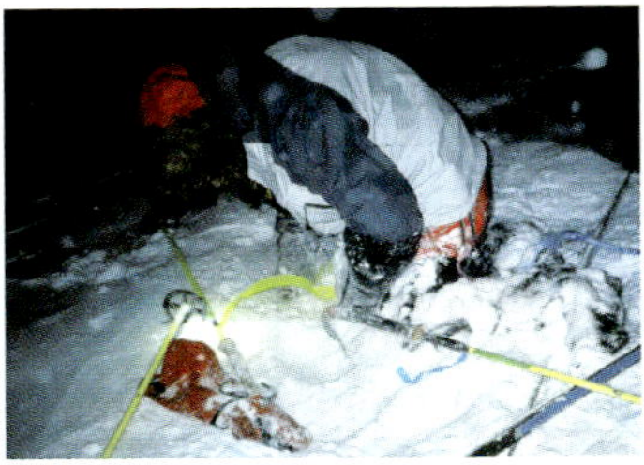

© Borge Ousland

Le sol s'est ouvert d'un coup sous mes skis : l'eau noire et glacée m'a avalé jusqu'à la ceinture. Je dois me sécher au plus vite avant de congeler dans mes vêtements.

Nous contournons les blocs de glace qui nous barrent la route, en essayant de garder le même cap malgré tout.

© Mike Horn

Vaincre le froid

© Mike Horn

En moins de vingt-quatre heures, le thermomètre a plongé et le vent est devenu d'une telle violence qu'il est pratiquement impossible d'aller contre. D'après la météo, la tempête qui s'est levée sur la région ne devrait pas se calmer avant un jour ou deux.

© Mike Horn

Deux semaines après le début de l'expédition, j'ai déjà le nez gelé. Ça m'apprendra à ne pas le protéger pendant la nuit… Résultat : il noircit et me fait atrocement souffrir !

© Mike Horn

Pour soigner mon nez, j'applique dessus un cataplasme de neige, plus chaud que l'air ambiant.

Je suis dans un sale état ! Les gelures de mes doigts m'ont provoqué une infection avec une douleur insupportable, sans parler de mon nez et de mon menton…

© Borge Ousland

Borge n'est pas épargné non plus : son visage est mordu par le froid, et les gelures de ses pieds lui font terriblement mal.

© Mike Horn

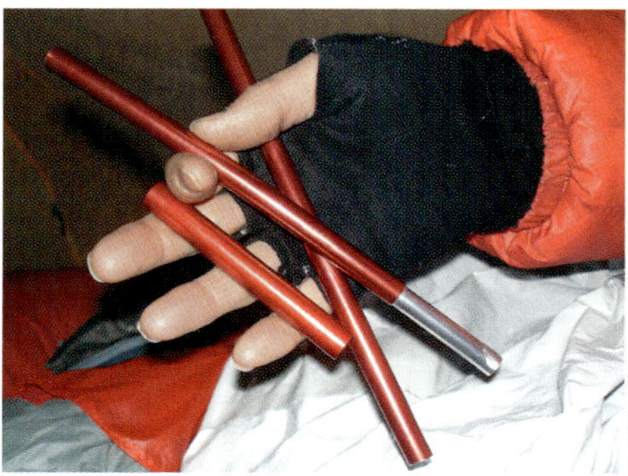

© Mike Horn

Même le matériel souffre à ces températures extrêmes. Ce matin, en repliant le campement, un des arceaux de notre tente en aluminium s'est brisé en quatre morceaux.

« Oursland »

© Mike Horn

Un ours polaire a dû croiser notre route il y a quelques heures, juste avant que nous soyons pris dans une tempête. Ses empreintes sont partiellement remplies de neige, ce qui permet de les dater avec une relative précision.

© Mike Horn

Ce majestueux et solitaire ours polaire nous suit depuis deux jours.

© Borge Ousland

Maintenant, c'est une mère et ses deux petits qui s'approchent… À cette distance, difficile d'oublier que la femelle nous sautera dessus si elle perçoit la moindre menace à l'égard de sa progéniture.

© Mike Horn

Nous sommes sur le terrain de chasse des ours polaires. À cette période de l'année, ces grands prédateurs sont plus que jamais affamés, toujours à la recherche d'une proie.

© Mike Horn

La nuit dernière, un ours fait irruption dans notre tente, déchire la bâche d'un traîneau et s'enfuit avec une partie de nos provisions. Il lâche son butin, effrayé par une fusée éclairante que nous tirons dans sa direction. Ce sera désormais notre arme de dissuasion anti-ours la plus efficace.

Le jour se lève

© Borge Ousland

Le soleil se lève dans notre dos, ce qui veut dire que nous approchons du but, mais qu'il faut se dépêcher si nous voulons arriver avant le jour total. On décide de mettre les bouchées doubles !

© Mike Horn

© Mike Horn

Ce n'est pas encore le soleil, simplement sa projection, comme un mirage dans le désert.

Sur une crête de compression. Comment fait-on pour avancer dans cet amoncellement de blocs de glace ? Heureusement, Borge, le « Roi du *pack* », n'a pas son pareil pour nous sortir de là.

© Mike Horn

Difficile d'exprimer ce que l'on ressent alors que le soleil se laisse deviner derrière l'horizon. Les teintes irréelles appartiennent à un arc-en-ciel inimaginable ailleurs. Il faut le voir pour le croire.

Jusqu'au bout, l'Arctique nous aura réservé ses colères et ses tempêtes.

© Borge Ousland

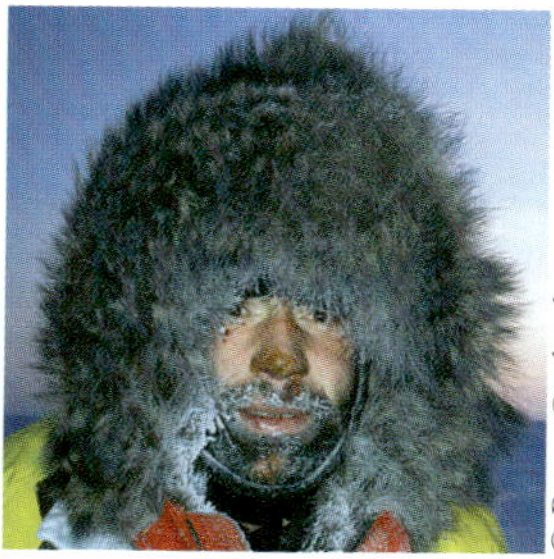

© Borge Ousland

L'expédition tire à sa fin. Borge et moi, épuisés et amaigris, avons l'air de deux cadavres qui marchent. Ici, je saigne du nez à cause des infections.

On l'a fait !

© Mike Horn

Nous ne sommes plus qu'à quelques dizaines de kilomètres du Pôle. Nous avançons comme deux explorateurs de l'espace dans leurs scaphandres, vers un destin glorieux ou une fin silencieuse.

© Mike Horn

100 mètres... 50 mètres... 13 mètres... 5... 1... Nous y sommes ! Nous atteignons enfin le toit du monde à la date prévue, le 23 mars 2006.

Borge a l'air d'avoir quatre-vingts ans, il me répond que moi, j'en fais quatre-vingt-dix ! Peu importe, nous baignons dans l'euphorie la plus totale.

Après avoir attendu pendant plus de quarante-huit heures et consommé nos dernières réserves de nourriture, l'hélicoptère russe arrive enfin. Il était temps, car il est urgent que nous soyons pris en charge. Même si nous ne retrouverons la « civilisation » que dans quelques jours, notre aventure à deux prend fin.

À la base russe de Barnéo, à une cinquantaine de kilomètres du Pôle, notre colis de vivres arrive via un parachute envoyé par avion-cargo. Notre ordinaire s'améliore nettement. Ça tombe bien, on a grand besoin de reprendre des forces.

Deux partenaires, deux amis… et maintenant deux frères. C'est sans doute notre plus belle victoire… en attendant la prochaine expédition ?

© Mike Horn

un inconvénient à partager ? Bien sûr que non. Il me donne la moitié de ses rations, je lui donne la moitié des miennes. J'accepte d'autant plus volontiers que ça va nous arranger tous les deux : lui, en allégeant son régime ; moi, en m'accordant un supplément de calories qui contribuera efficacement à me soutenir.

Le partage… Toujours aussi important dans une équipée comme la nôtre. Pour Borge comme pour moi, il va de soi. Il allait de soi pour mon partenaire quand il m'a offert ses moufles norvégiennes. Il va de soi pour moi quand je divise mes repas sous vide entre nous deux.

Par la même occasion, je le fais profiter des cinq kilos de chocolat que j'ai en réserve dans mon traîneau et que j'ai attaqués depuis que le rationnement n'est plus à l'ordre du jour. Quand je le décongèle à la flamme du réchaud, une odeur délicieuse envahit la tente et caresse les narines de Borge. Je sais qu'il y est sensible. Mais il a résisté jusqu'à présent, sous prétexte que nous avons toujours fait nourriture séparée.

Finalement, il se laisse faire.

C'est l'occasion pour revenir à la charge avec le « thé ou café » que je lui propose depuis le début. Lui, dans un souci de ne pas se lester inutilement, n'emporte jamais aucun des deux, alors que je ne peux me résoudre à renoncer à ce lien ténu avec la civilisation.

Sachant que mes réserves de boissons chaudes sont calculées pour une personne, sur la base d'un sachet de chaque par jour, Borge, pour ne pas me priver, a toujours refusé.

Mais j'insiste. Alors, là aussi, il finit par céder.

Les rituels se mettent en place.

Tandis que je suis encore plongé dans un demi-sommeil, j'entends Borge me dire : « Mike, ouvre la bouche. » Il y glisse une de ses rondelles chocolatées.

Une fois le petit déjeuner avalé et nos Thermos de boissons caloriques respectifs remplis pour la journée, il me tend un demi-litre d'eau chaude avec lequel je prépare deux cafés.

Le soir, sitôt installés sous la tente, je mets mes réserves de cacao à sa disposition…

Le partage… Aussi indispensable que le sang qui coule dans nos veines. En dégustant en silence, le matin, notre « noir » brûlant, nous éprouvons presque physiquement ce lien d'acier, incompréhensible aux autres, qui nous unit, nous porte, nous pousse et nous sauve, puisque c'est lui qui nous donne la force de survivre.

C'est durant cette parenthèse d'avant le départ que se logent certains soins préventifs, comme celui qui consiste à nous envelopper le nez ou les doigts de pansements destinés à adoucir nos gelures, ou à empêcher (si possible) qu'elles ne s'aggravent. C'est le moment ou jamais de s'enduire le visage de crème protectrice. Borge a un petit pot de vaseline, qu'il me tend et dans lequel je plonge mes doigts, sans un seul mot échangé.

Pour soulager ses pieds fragiles, mon partenaire, chaque matin avant de plier bagage et de reprendre la « route », glisse des petites bouteilles remplies d'eau bouillante dans ses chaussures gelées (elles ont, comme les miennes, passé la nuit dehors, dans le « vestibule »). Ça les réchauffe… mais pas longtemps.

Borge n'est pas du genre à pleurnicher. Mais je sais que pendant nos longues heures de marche, ses pieds le font terriblement souffrir. Et moi – puisque nous partageons tout –, je souffre pour lui.

À mon tour, avant de sortir pour achever de replier le campement et charger nos luges, je m'offre un dernier coup de chaleur, en me chauffant les mains à la flamme du réchaud.

Je sais – comme Borge – que ça ne m'empêchera pas d'avoir mal. Que cette dernière flamme avant le désert gelé ne fait que retarder de quelques minutes – quelques dizaines de minutes, peut-être – le moment où la douleur reviendra, comme un chien enragé, planter ses crocs dans mes pauvres doigts.

Question d'habitude.

Nous avons trouvé dans ce travail d'équipe une harmonie. Et le partage en est la parfaite illustration. C'est le carburant qui fait fonctionner un *team* comme le nôtre.

Nous ne sommes pas loin de l'équilibre parfait. Pas loin du moment où nous atteindrons notre « top niveau » de performance. Nous inclinons l'un vers l'autre, comme le font les méridiens en se rapprochant du Pôle. Nous devenons peu à peu la pointe effilée d'une lance, pénétrante et d'une efficacité redoutable. Après tout, nous nous dirigeons tous les deux vers la même destination.

12

L'eau… et le gaz

Après des heures de marche, ce 17 février, nous sommes stoppés net par une étendue liquide recouverte d'une glace si fine qu'on voit l'écume au travers. Les combinaisons de survie s'imposent. Nous prenons le temps de les enfiler, puis nous nous aventurons sur l'eau gelée en tâchant de nous faire aussi légers que possible.

Pas assez, apparemment.

Dans un craquement sinistre, je vois Borge descendre à la verticale et être avalé par l'océan. Inutile de songer à le sortir de là, sous peine de suivre le même chemin. Je recule. Borge me suit, nageant jusqu'au bord en cassant la glace devant lui. Puis il se hisse sur la terre ferme.

Merci, les combis.

Nous passons des heures à arpenter la rive de ce lac noir, essayant de trouver un passage plus sûr. Lorsqu'on cherche un chemin à travers une montagne de blocs gelés, il faut aller « au contact », comme disent les rugbymen, porter le faisceau lumineux au cœur même de la glace, pour discerner quelque chose. Ce qui implique de tracer chacun sa route, de mettre beaucoup de distance entre nous.

Alors nous perdons le contact visuel et l'angoisse s'installe. Elle monte d'un cran par seconde ; on a hâte de revenir à l'endroit où on a laissé les traîneaux en guise de point de rendez-vous. Rien ne peut nous empêcher d'y arriver… sauf si la glace s'est ouverte et nous coupe la route ; sauf si on ne retrouve plus nos propres traces ; sauf si on est attaqué par un ours…

Toutes choses qui peuvent aussi bien arriver à l'un qu'à l'autre…

Si le partenaire ne nous attend pas aux traîneaux, on stresse immédiatement. Où est-il passé ? Pourvu qu'il n'ait rien. Pourvu qu'il ne soit pas tombé à l'eau !

Sur cette planète hostile où tout n'est que pièges mortels, aucune catastrophe n'est inimaginable.

Et l'imagination, justement, travaille…

Nous nous sommes mis d'accord, Borge et moi, sur le fait qu'aucun de nous ne risquera sa vie pour sauver celle de l'autre.

Mais qu'il essaiera quand même.

Cela dit, où se situe cette frontière entre aider le partenaire en difficulté et mettre sa propre existence en péril ? Le moment venu, cette limite apparaîtra-t-elle clairement à celui de nous deux qui sera concerné ? Sera-t-il alors capable de dire : « Stop ! C'est ici que je m'arrête ! À partir de maintenant, tu te débrouilles tout seul » ? Ça m'étonnerait.

Pourtant, la question mérite réflexion.

Je me revois, étudiant à l'université Stellenbosche de Cape Town, arrondissant mes fins de mois estivales en faisant le maître nageur sur les plages sud-africaines (la situation idéale pour regarder les filles). Un de mes collègues s'est porté au secours d'un baigneur en difficulté. Il lui a mis le harnais relié à un filin qui permet aux autres sauveteurs de les ramener tous les deux sur la plage. Mais dans les vagues, le filin est passé sous un rocher ; en tirant dessus, les maîtres nageurs ont entraîné les deux hommes au fond, et ils se sont noyés tous les deux.

Au moment de sauver la vie de quelqu'un, quand on sait qu'on va peut-être y laisser la sienne, on y réfléchit à deux fois.

Je le sais. Borge le sait aussi.

On sait également tous les deux qu'en cas de drame, plus aucune de ces considérations n'existerait.

Aujourd'hui, en tout cas, le destin nous épargne les tragédies : nous revenons tous les deux sains et saufs.

Sans avoir trouvé de passage, hélas !

On retentera notre chance demain. On ne sait jamais : la glace se sera peut-être solidifiée d'ici là.

Le lendemain… Qui a envie de plonger dans l'océan Arctique en pleine nuit, à six heures du matin ? Nous non plus. C'est pourtant ce que nous sommes obligés de faire, car la glace n'a guère épaissi pendant la nuit.

Borge prend la tête du cortège. Avec son corps, il joue les brise-glace pour nous dégager le passage. À l'aide de deux filins, il remorque les luges, que je pousse par-derrière.

Il y a 300 mètres d'eau à franchir.

Il s'avère qu'on a bien fait de remettre cette traversée au lendemain car – bonne surprise –, sur la seconde moitié, la glace a pris une consistance qui la rend praticable à pied !

Deux pas en avant, un pas en arrière ! Nous couvrons 17 kilomètres en neuf heures de marche, mais le GPS ne nous en accorde que 8 ! La banquise a recommencé à dériver au sud, à 0,5 kilomètre à l'heure, sous l'impulsion des vents de nord-ouest qui soufflent à 5, 7 mètres par seconde.

Puisque c'est comme ça, demain, repos ! Après tout, c'est moins frustrant de reculer sans bouger que de crapahuter toute la journée pour rien. Au moins, quand on s'arrête, nous reconstituons nos réserves d'énergie. Avec un peu de chance, on rattrapera le retard ensuite, quand la dérive se remettra à jouer en notre faveur.

Et puis, nous avons besoin, de temps à autre, de laisser reposer la machine humaine.

La journée de « repos » est consacrée aux réparations en tout genre. Il y a du boulot. L'articulation d'un de nos arceaux de tente a partiellement cédé, hier, et Borge l'a rafistolée avec du fil de fer. Quant à moi, il faut que je recouse la housse de mon traîneau, que je recolle mes peaux de phoque, que j'inspecte le reste de mon équipement...

Une fois le matériel remis en état, Borge et moi pansons nos plaies. La gelure du bout de mon nez ne s'est toujours pas développée jusqu'à atteindre un stade critique, mais il faut que je la surveille. Borge, lui, a le visage très enflé par la morsure incessante des vents glacés qui nous font dériver au sud depuis trois jours !

Trois jours sans progresser ! Pourvu que ça change, et vite !

Nos batteries rechargées, nous réattaquons la banquise avec une ardeur nouvelle. La dérive est moins forte et nous ne perdons que 3 kilomètres, sur les 18 que nous ajoutons au compteur.

À 700 kilomètres du Pôle, nous approchons des 84° de latitude nord.

Nous traversons deux étendues d'eau libre en neuf heures de marche. À la lueur d'une pleine lune réapparue, je photographie les empreintes d'un ours polaire qui a dû croiser notre route il y a quelques jours, juste avant que nous soyons pris dans une tempête. Ces empreintes sont partiellement remplies de neige, ce qui permet de les dater avec une relative précision.

D'ailleurs, la météo en annonce une autre, de tempête, et pour très bientôt. Celle-là viendra du Spitzberg et nous amènera des vents de 13 à 15 mètres par seconde. Il se peut qu'ils nous poussent dans la bonne direction, mais ils feront également chuter la température… peut-être de vingt degrés ! Si c'est le cas, le froid pourrait devenir tellement intense qu'il nous empêcherait de quitter la tente. À moins de continuer, en prenant le risque de se geler les doigts et les orteils.

On verra, le moment venu.

Voilà trente jours que nous sommes sur la glace. Sachant qu'il nous reste trente-sept jours de rations alimentaires et qu'on peut les faire durer quarante… sachant aussi qu'il nous faut tenir une moyenne de 18,8 kilomètres par jour, si on veut arriver au Pôle le 23 mars, ce n'est pas gagné. Mais ça reste jouable.

Histoire de mettre toutes les chances de notre côté, nous décidons de marcher dix heures par jour, au lieu de neuf, à partir de maintenant.

Autre mesure, encore plus drastique (d'autant qu'elle est irréversible) : Borge décide que le moment est venu pour chacun de nous d'abandonner un traîneau, après avoir chargé son contenu dans l'autre. Personnellement, je pense qu'il est encore trop tôt. Je propose un compromis : je chargerai au maximum une de mes barques et j'y accrocherai l'autre, que je tracterai à vide, au cas où…

Mais Borge insiste. Il faut absolument abandonner une luge sur deux.

Après un bref échange de vues, je cède et me soumets à celles du « roi de l'Arctique » : je transvase le contenu d'un de mes traîneaux dans l'autre, et décroche le premier. Borge en fait autant de son côté. Comme il n'y a plus de place dans les luges pour nos sacs de couchage, nous les enveloppons dans des poches en plastique imperméables, que nous attachons au-dessus du chargement.

Et nous voilà repartis.

Je ne peux pas m'empêcher de jeter un coup d'œil, par-dessus mon épaule, à ces deux taches jaunes, sur la glace, avant qu'elles ne soient avalées par la nuit. Je ne peux pas non plus me défendre d'un serrement d'estomac à l'idée que c'est un peu de notre survie que nous venons d'abandonner à la banquise, comme un premier étage de fusée devenu inutile, à l'éternité de l'espace.

Sauf que... je ne suis pas entièrement convaincu de l'inutilité de ces traîneaux.

Chaque heure, chaque minute que nous ne passons pas à dormir, nous vivons à l'intérieur du faisceau de nos lampes frontales. Dans la nuit absolue qui nous environne, ce cercle lumineux constitue la totalité de notre univers. Pour ne pas risquer la « panne de courant », nous avons chacun une deuxième lampe frontale dans notre poche, car le froid nous empêche de changer les piles ailleurs que sous la tente.

Avancer dans un faisceau lumineux limite fortement notre champ d'action. Impossible, comme on le ferait dans des conditions de visibilité normales, de jeter un regard circulaire autour de soi pour déterminer le meilleur passage.

Nous, nous devons faire avec les quelques mètres éclairés que nous avons devant nous.

C'est pourquoi, depuis le départ, nous estimons que si nous atteignons les 87° de latitude nord, ce sera pratiquement gagné. À partir de là, la nuit commencera à se diluer et nous pourrons progressivement élargir notre horizon, « sortir du cercle » de nos lampes frontales. Nos possibilités seront plus nombreuses et notre tâche un peu moins difficile…

Un vent du sud souffle en rafale toute la journée. À 10 mètres par seconde, c'est comme si une force titanesque nous poussait dans le dos. On fonce dans le noir absolu, car la densité des nuages épaissit encore la nuit. Dans le faisceau des lampes, la visibilité ne dépasse pas 2 à 5 mètres. On se crève les yeux à scruter la glace, et nos efforts pour repérer le moindre relief sont à la fois exténuants et stressants.

La neige ressemble à des débris de plâtras sur lesquels nos skis cahotent bruyamment. Quand nous en sortons, c'est pour traverser d'innombrables failles liquides que la poudreuse, masquant la pellicule gelée qui les recouvre, transforme en pièges mortels.

Par endroits, la couche de neige repose directement sur l'eau !…

Soit on repère l'obstacle à temps, malgré l'épaisseur de la nuit, soit on y tombe.

Aujourd'hui, il faut croire qu'on a de la chance.

Après avoir avancé en aveugles pendant neuf heures et demie et couvert 28 kilomètres (dont 8 de dérive favorable !), nous retrouvons de la « vieille » glace, bien épaisse, où planter la tente en toute sécurité.

Ce serait un peu décourageant de se dire qu'on n'est qu'à 300 kilomètres exactement du cap Arkticheskiy.

Alors on évite de se le dire.

Après nous avoir fait reculer de 2 kilomètres pendant la nuit, la dérive est repartie dans le bon sens. Curieusement, dès qu'elle nous est favorable, le vent retombe. Peut-être le calme avant la tempête… Le mauvais temps devrait nous arriver d'ici demain, après-demain vendredi au plus tard, avec encore une fois des bourrasques de 15 mètres par seconde et des chutes significatives de température.

Les vents violents nous affectent également de manière indirecte, en soulevant sur l'océan des vagues qui, à leur tour, font pression sur la glace et la font s'ouvrir. Résultat : d'autres étendues d'eau libre et des montagnes de *pack* supplémentaires.

En attendant, les conditions sont aussi bonnes qu'elles peuvent l'être. Il y a encore énormément d'eau ouverte, mais – à une exception près – nous arrivons toujours à la contourner ou à trouver un « pont ».

Ça ne fait plus de doute, à présent : avoir abandonné un traîneau sur deux ne nous aide pas à progresser plus vite. Apparemment, une charge trop lourde repose désormais sur une surface portante trop courte. Les traîneaux qui restent débordent en hauteur avec les sacs de couchage dans leur enveloppe *waterproof*, roulés sur la bâche de protection, et auraient plutôt tendance à nous freiner.

Nous en parlons d'une manière totalement dépassionnée. D'autant que les traîneaux restants vont s'alléger et que l'équilibre finira par se rétablir. Mais je sens bien que Borge regrette de nous avoir fait abandonner notre seconde luge.

Soudain, à trois heures du matin, il me tire du sommeil.

— Je retourne chercher les traîneaux !

Je suis sûrement en train de rêver. Dans mon état semi-comateux, je m'entends réagir :

— Quoi ? Tu vas refaire deux jours de marche… en arrière ?

— Oui. En suivant nos traces.

— Mais ça fait 80 bornes aller-retour !

— Et alors ?

— Et alors, tu vas nous faire perdre deux jours ! En plus, avec la dérive, tu n'es même pas sûr de les retrouver !

Il insiste. On discute. Ça se confirme : Borge s'en veut d'avoir pris ce qu'il considère comme une mauvaise décision à propos des luges. Il culpabilise à en perdre le sommeil et il est persuadé que je lui en veux, moi aussi.

Il se trompe. Je m'empresse de remettre les pendules à l'heure en lui expliquant que, d'abord, j'ai pour principe de ne jamais « pleurer sur du lait renversé », comme on dit en anglais. Pour moi, ce qui est fait est fait. S'y appesantir, ruminer, est une perte de temps et d'énergie. Pas mon style.

Et puis, sa décision n'était pas forcément mauvaise. Elle était juste – d'après moi – un peu prématurée, voilà tout. Mais une fois prise, j'ai immédiatement cessé de m'interroger sur sa pertinence. Il fallait l'assumer et la gérer le mieux possible. C'est ce que j'ai fait. Passons à autre chose…

Quoi qu'il en soit, je n'ai aucune intention de m'infliger 80 kilomètres supplémentaires pour aller récupérer des traîneaux qu'on n'est même pas sûrs de trouver et qui finiront de toute façon par devenir superflus, vu que nos stocks diminuent.

— Vas-y si tu veux, dis-je à Borge. Moi, je t'attends ici.

Finalement, j'arrive à lui faire entendre raison. Il renonce à repartir… et je replonge dans le sommeil.

Depuis que nous avons franchi les 83° de latitude nord, nous avons passé la surmultipliée. Nos traîneaux s'allègent, nous sommes en forme et notre équipement fonctionne à plein rendement. En onze ou douze heures de marche et cinq heures de sommeil quotidiennes (sans compter les pauses et les arrêts repas), nous établissons des moyennes de 25 ou 26 kilomètres par jour. Aucune autre expédition n'a été aussi vite, entre 83° et 90° de latitude nord.

Dans des périodes comme celle-là, on a tendance à s'imaginer que rien ne pourrait nous arrêter…

Sauf, peut-être, ces innombrables failles dans la glace, ouvertes par des vents violents de nord-ouest.

En tête du cortège, aveuglé par les tourbillons de neige, je distingue à peine la pointe de mes skis.

La surface d'eau libre qui se présente semble recouverte d'une couche de glace et d'une autre de neige qui devraient la rendre praticable. Je m'y engage prudemment. Un pas… deux… Au troisième, la glace se fissure d'un seul coup, comme un vitrail sous l'impact d'une pierre, avec une musique à glacer le sang. Le sol s'ouvre entre mes skis, puis se dérobe complètement. Je descends d'un coup, avalé jusqu'à la ceinture par l'eau noire et glacée. Pas plus bas : les pointes de mes skis ont plongé en premier, ce qui m'a permis, en me jetant en arrière, de prendre appui sur le bord.

Mes pieds, retenus par les planches, sont encore immergés. Un dernier effort et je les sors à leur tour. Puis, fébrilement, je me fais un cataplasme de neige autour des jambes, afin que la poudreuse collée à mes vêtements en absorbe l'humidité. Celle-ci se transformera en glace et je m'en débarrasserai à coups de brosse.

Mais ça n'éliminera pas l'humidité interne, celle qui imprègne mes sous-vêtements.

Bien que le thermomètre soit remonté et qu'il ne fasse que moins dix-huit, la tempête fait rage et un vent hurleur balaie la banquise à nous empêcher de tenir debout.

Dans quelques instants, je vais commencer à geler et mes pieds seront les premiers atteints…

Borge prend le temps de faire une photo de moi avant de monter la tente à toute vitesse… Je m'y précipite – après avoir laissé mon pantalon, mes bottes et ma parka dans le « vestibule » – pour faire sécher mes gants et mes sous-vêtements à la flamme du réchaud.

Deux heures plus tard, j'ai changé de chaussettes, débarrassé mes bottes de leur pellicule gelée… et nous voilà repartis.

C'est toujours moi qui joue les chiens de tête.

Trois ou quatre heures de marche nous amènent dans le paysage fracassé d'une de ces crêtes de compression, là où deux plaques de banquise, en s'affrontant comme des monstres antédiluviens, ont soulevé une montagne de blocs titanesques. On a l'impression d'avancer entre des éclats de verre géants…

À tous ces obstacles solides s'ajoute soudain une longue ficelle d'eau libre, dont il me semble apercevoir le bout. Je m'apprête donc à la contourner, mais Borge a déniché un passage plus proche et totalement sûr… croit-il. D'ailleurs, il l'emprunte le premier, sans problème. Convaincu, je me risque à mon tour sur l'eau gelée. La glace est craquelée et devant moi s'ouvre une fente sombre. Je rapproche mon traîneau et pose un ski de l'autre côté de la crevasse. C'est à ce moment précis que la glace, à l'endroit où je viens de prendre pied, se met en mouvement sous l'effet des courants sous-marins et… s'éloigne. En quelques secondes, je me retrouve écartelé, ne pouvant ni revenir côté traîneau ni sauter en l'entraînant avec moi.

Je ne peux aller que dans une direction : vers le bas.

Tout le monde descend…

Cette fois encore, je réussis à limiter les dégâts en freinant ma chute à mi-corps. Mais j'ai mis les mains dans l'eau et mes gants sont trempés.

Je me hisse au sec, sortant le traîneau qui a plongé à ma suite, et je me couvre de neige pour la seconde fois de la journée. Aussitôt, nous nous remettons à marcher, Borge et moi. Il faut sortir le plus vite possible de cette foutue zone de compression où il n'y a pas deux mètres carrés de plat pour installer une tente. Je suis trempé et je marche aussi rapidement que j'en suis capable pour me réchauffer. Même si cette journée n'est pas une des plus froides que nous ayons connues, je risque quand même de congeler debout si je ne me fais pas sécher très vite. C'est une course contre la montre que je ne suis pas sûr de gagner : malgré tous mes efforts, je *sens* mes vêtements geler sur moi, un peu plus à chaque pas que je fais.

Enfin, du plat ! C'est minuscule, mais ça ira. Borge et moi nous dépêchons d'installer le campement. Sitôt à l'abri, je me déshabille entièrement à la vitesse de la lumière et j'enfile des laines polaires sèches. Par chance, j'ai conservé assez de chaleur corporelle pour pouvoir reconstituer celle que j'ai perdue. Pendant que Borge, à l'extérieur, débarrasse ma parka et mon pantalon de leur couche de glace, je fais sécher mes chaussettes (je n'en ai plus de rechange) à la flamme du réchaud.

Parce que le sel contenu dans l'eau de mer s'incruste dans les vêtements et les empêche de jamais sécher tout à fait, nous décidons de rincer mes gants à l'eau douce. Celle qui reste dans le Thermos de Borge fait l'affaire. Ensuite, on accroche mes moufles au plafond de la tente et on allume deux brûleurs, poussant les feux à fond.

C'est bien pour ce genre de situation qu'on a emporté

des réserves de fuel supplémentaires. Mais là, j'ai vraiment l'impression de brûler le combustible de notre alimentation...

À bout d'une heure et demie, on se croirait dans un sauna.

En tout cas, mon organisme s'est réchauffé et le sang s'est remis à circuler dans mes veines.

Pour achever de rendre sec ce qui ne l'est pas encore tout à fait, je le serre contre moi dans mon sac de couchage.

Rude journée...

On s'endort comme deux masses, à 637 kilomètres du Pôle.

Série noire, décidément. La journée du lendemain commence mal à tous points de vue. Côté météo, d'abord. La tempête qui fait rage est pire qu'hier. En fait, elle est l'une des plus violentes que nous ayons connues jusqu'à présent. Il suffit de mettre le nez dehors pour le constater : impossible de voir plus loin que le bout de ses skis. Impossible d'avancer.

Puisqu'on n'a pas le choix, autant s'installer aussi confortablement que possible et attendre que les choses évoluent. Chacun sort son lecteur MP-3. Pour moi, ce sera un assortiment de mes titres favoris, rock, pop, Rn'B, etc. Pour Borge, une lecture en norvégien du *Seigneur des anneaux*, de Tolkien !

En tâtonnant dans mon coin de la tente, ma main se pose sur la cartouche de gaz défensif antiours que j'ai posée là hier soir, après avoir vidé les poches de ma parka. À la suite de ma chute dans l'eau, une petite gangue de glace s'est formée autour du déclencheur. Négligemment, je dégage le bouton en pensant à autre chose et, involontairement, je l'actionne ! La totalité du gaz au poivre se répand dans la tente. En un instant,

Borge et moi sommes aveuglés et asphyxiés. On tousse, on s'étouffe, on a les yeux et les poumons qui brûlent… Je ne sais pas si ce produit fonctionne sur les ours (il ne nous a encore jamais servi), mais sur nous, il est efficace !

Chacun se rue à son extrémité de l'abri pour chercher un peu d'air à l'extérieur. On est secoués de nausées mais, la trachée et la gorge enflées, on n'arrive pas à vomir.

Ironiquement, c'est nous qui sommes expulsés de notre abri par ce gaz censé en chasser les ours !

Au bout d'une heure, l'air de la tente est toujours irrespirable et nous sommes toujours deux lapins aux yeux écarlates. Borge, apparemment plus sensible que moi aux effets du gaz, est dans un sale état, à un tel point qu'il en oublie de m'engueuler !

Ça, au moins, on est sûrs que ça va s'arranger.

Dans pas longtemps, on rigolera en évoquant cet épisode. Sur le moment, c'est moins drôle. Surtout quand on pense à notre habitude de glisser ces cartouches dans nos sacs de couchage, pour les avoir sous la main en cas d'attaque nocturne… Si l'une d'elles explosait là-dedans, les conséquences pourraient être beaucoup plus graves.

En tout cas, ça tombe très mal que l'atmosphère de la tente soit devenue insoutenable justement aujourd'hui… parce qu'on va devoir y passer quelques heures.

Vers midi, la météo s'étant un peu améliorée, nous décidons de bouger. De toute façon, il le faut, pour ne pas s'engourdir. Mais le sauna est loin : mes vêtements sont de nouveau humides et frigorifiés par le gel. Je vais devoir encore une fois les « faire », comme des godillots trop neufs ou un costume trop raide.

Repartir nous coûte un effort auquel on ne s'attendait

pas. Dans ces situations extrêmes, il suffit de passer une heure ou deux de plus que d'habitude dans le – relatif – confort de la tente et la – non moins relative – chaleur du sac de couchage pour s'y habituer au point qu'il devient difficile de s'en arracher.

Nous reprenons la route avec le sentiment d'avoir remporté une petite victoire… au moins sur nous-mêmes.

Tout de suite, ça se confirme : ce n'était pas le jour – et encore moins le climat – idéal pour « culotter » mes vêtements. Qui rechignent désormais à jouer leur rôle : mes chaussures gelées se plient mal, mes chaussettes humides me glacent les pieds… Tout ce qui est censé me garder au chaud et au sec est détrempé et glacial. Les sensations qui en résultent sont à recommander à son meilleur ennemi.

Les ouvertures d'eau se succèdent et se multiplient. On en compte une toutes les heures, au moins. Couvertes de neige, elles peuvent être mortelles. Or la neige les traverse parfois entièrement, comme la fragile couverture d'un piège invisible… Il faut s'arracher les yeux à « lire » le terrain, à repérer le moindre relief, à traquer le plus petit passage, à gauche ou à droite. Et tout ça dans une obscurité que nos lampes frontales, aujourd'hui, n'arrivent pas à percer.

Nous tombons sur une étendue liquide où la glace vient à peine de se former. On s'y aventure prudemment. La couche varie en épaisseur d'un endroit à l'autre, avec une nouveauté particulièrement redoutable : des zones où la glace neuve, fine et fragile, offre l'apparence de l'ancienne, épaisse et solide. Ici et là, parce qu'elle bouge, elle a éclaté, formant des monticules de gros glaçons striés et biseautés…

Décision est prise de se mettre en sécurité sur une banquise plus épaisse. D'ici demain, la glace instable devrait avoir pris de la consistance, ce qui limitera les risques inutiles.

On s'en tient là pour aujourd'hui, bien que n'ayant couvert que 4 kilomètres en six heures, à cause de la dérive sud. Mais à l'intérieur de mes gants-congélateurs, mes doigts ont recommencé à geler. J'ai besoin de les mettre au chaud.

Demain, au moins, le vent devrait se mettre de notre côté…

Le temps pourri – avec un fort vent de nord-est – de la journée qui commence ne répond pas à nos espoirs, c'est le moins qu'on puisse dire. Il faudra voir comment ça évolue. Mais entre la visibilité quasi nulle et l'abondance d'eau libre dans le secteur… ce n'est pas encourageant.

Au moins, nous ne reculons pas, puisque nous dérivons à l'est.

On attaque avec la traversée des 400 mètres d'eau libre près desquels on vient de camper. Libre, ou presque, puisqu'elle est recouverte d'une glace plus fine que du cristal. On enfile les combinaisons avant même de quitter la tente. Puis on avance en rampant. Et en retenant notre souffle…

Ça ne suffit pas.

L'un après l'autre, on passe au travers. Sans se mouiller. Encore une fois : merci, les combis !

En milieu de journée, une esquisse de lueur vient teinter l'atmosphère. La neige remplit les interstices, recouvre les étendues de gravats glacés, nous aplanit la route. Un vrai boulevard. On en profite pour avaler du kilomètre : 25 en onze heures.

Les vents obliquent à l'est et se calment enfin.

Une belle journée, finalement. On en avait besoin.

En dépit de la météo, il n'y a pas un nuage entre Borge et moi, malgré nos différences d'habitudes et de fonctionnement. Une sorte de compétitivité s'est fait jour à mesure que nous avançons, mais elle revêt la forme la plus saine qui soit : celle qui peut exister entre deux sportifs jouant dans la même équipe. Loin d'être négative, elle participe d'une émulation qui nous fait carburer plus vite et plus fort.

Le « soir », sous la tente, nous n'en parlons pas. Nous échangeons simplement quelques regards fatigués d'« après-match » où la compétitivité se mêle au respect. Puis, les yeux dans le vague, nous fixons l'eau qui bout dans la marmite du dîner.

Le meilleur moment de la journée, décidément. Celui où tout s'apaise. Où les tensions se calment, où les souffrances s'oublient…

Impression d'être deux voyageurs dans une auberge, au coin du feu, au cœur de la nuit, après une route longue et difficile – très difficile !

Je pense aux Inuits, chez qui le *cabin fever* fait des ravages pendant les mois d'hiver… L'obscurité qui se prolonge et qui tape sur les nerfs, jusqu'à rendre fou. Nous n'en sommes pas là. D'autant que la nuit qui continue à nous envelopper vingt-quatre heures sur vingt-quatre n'est pas pour nous une saison subie, mais un défi choisi.

13

Pourvu que ça tienne…

Voilà trente-six jours que nous sommes partis. Le vent du sud-est souffle à 8 mètres par seconde, la dérive nord-est est légère, mais favorable. Les deux failles liquides qui nous coupent la route ne sont pas trop méchantes et ne nous obligent pas à nous mettre à l'eau. Le ciel est dégagé, bien que l'air soit plein de neige. Pendant près de trois heures, il y a même assez de lumière pour qu'on s'offre le luxe d'éteindre nos lampes frontales.

On profite de ces conditions favorables pour foncer. La moyenne entre nos réserves alimentaires et la distance restant à parcourir – une équation que nous avons en permanence à l'esprit – donne un minimum de 19 kilomètres par jour pour éviter tout risque d'être à court de nourriture.

En onze heures, nous en couvrons 30.

Arrivé à 574 kilomètres du Pôle, je ne peux pas m'empêcher de penser que c'est à peu de chose près la distance qui m'en séparait en 2002, lors de ma tentative en solo, quand on m'a récupéré sur la banquise, les doigts gelés.

C'est une véritable satisfaction de franchir le même cap, en me disant que cette fois… tout va bien.

Pour nous, en tout cas. Pour la planète, c'est moins sûr.

Il fait moins quatre degrés !

Une température exceptionnellement, anormalement chaude pour l'hiver arctique. C'est l'une des conséquences du réchauffement planétaire : il accentue les extrêmes, particulièrement dans les régions polaires. Ici, quand il fait plus chaud, il fait *beaucoup* plus chaud ; quand il fait plus froid, il fait *beaucoup* plus froid. Ce phénomène me fait penser à une pièce, dont les portes et les volets seraient hermétiquement clos et dans laquelle on pousserait le chauffage au maximum. Juste avant d'étouffer, on aurait le réflexe d'ouvrir. Eh bien, les pôles sont les portes et les fenêtres de notre planète : ce sont eux qui nous rafraîchissent. S'ils venaient à disparaître…

Vingt-quatre heures plus tard, le thermomètre replonge. Les bourrasques glaciales nous font descendre sous les moins quarante ! Cette fois, nous sommes nettement en dessous des normales saisonnières, qui tournent d'habitude autour de moins vingt-cinq, moins trente. À cause de ce froid brutal et pénétrant, nos mouvements sont moins vifs… tout fonctionne plus lentement. Il ne s'en faudrait pas de beaucoup pour que nos gestes ralentissent encore… et encore… et qu'arrive cet instant fatal où les deux inconscients qui ont osé défier la Nature sont transformés par elle en statues de pierre (à moins qu'on ne soit passés à travers la glace et que l'océan Arctique ne nous ait engloutis). Pas difficile de nous imaginer là, debout dans nos parkas rouges, figés dans l'attitude du skieur de fond, jusqu'à ce qu'une autre expédition nous découvre…

Peut-être qu'on déciderait de nous laisser sur place,

en signe d'avertissement et d'encouragement à l'humilité pour tous ceux qui se risqueraient à notre suite. Là, en guise de repère, une borne kilométrique ou un souvenir, comme on le fait avec les cadavres gelés des grimpeurs malheureux, accrochés pour l'éternité aux flancs de l'Himalaya…

Puisqu'on ne veut pas finir comme eux, la seule chose à faire est de bouger, bouger sans s'arrêter de la journée.

C'est comme si on forçait la chance. On trouve des passages dans la glace morcelée et on marche littéralement sur l'eau. Une heure après être partis, ce matin, on voyait déjà assez clair pour se passer de lampes. On ne les rallume que deux heures avant de s'arrêter.

Verra-t-on les ours, désormais, avant qu'ils ne nous voient ? Ce halo, ce presque jour, nous révèle de nombreuses traces. Celles que je photographie trahissent le passage récent d'une mère et de son petit. L'ourson est faible : il traîne les pattes. Le sillon rectiligne montre que la femelle et sa progéniture se dirigent tout droit vers une nourriture repérée au flair, dont le petit doit avoir un besoin urgent. Les traces sont serrées : en marchant, il se blottit contre sa mère pour qu'elle le protège et lui offre sa chaleur…

Je ne peux pas m'empêcher de penser que nous sommes ainsi, Borge et moi : appuyés l'un sur l'autre. L'un contre l'autre. Alternativement ourse et ourson…

Après 30 kilomètres parcourus dans la journée, dont 3 de dérive favorable, nous avons dépassé les 85° de latitude nord. Quant aux longitudes… elles changent de plus en plus vite, à mesure que les méridiens convergent en montant vers le Pôle.

Des rafales venues du nord ont amalgamé la glace et continuent de la pousser. Les étendues d'eau libre sont plus rares et plus étroites, mais tout continue à dériver, à se dérober sous nos pieds.

De la fin de matinée à la fin d'après-midi, la luminosité ambiante nous permet de nous passer de lampes et de naviguer à vue dans la pénombre. On distingue les reliefs : chaotiques, irréguliers, pas assez, toutefois, pour nous ralentir. Le vent d'est, à 5 mètres par seconde, est moins mordant qu'hier. Quand il se calme, il fait presque chaud : moins vingt-huit. Très supportable.

On croise des traces griffues, assez anciennes pour en conclure que ceux qui les ont faites sont loin.

Les 25 kilomètres couverts en dix heures nous situent dans une très bonne moyenne. Ça ira pour aujourd'hui.

Avant de nous retirer dans nos appartements, bref coup d'œil admiratif à ce qui nous entoure. Lumière magique d'un bleu violet, avec une pointe de rouge sur l'horizon sud…

Sud… parce que, depuis le début, nous marchons en tournant le dos à la lumière du soleil… ou plutôt à la future lumière du futur soleil, puisque celui-ci se lèvera derrière nous.

Non seulement nous avons choisi de tracer toute cette route dans le noir, mais le fait de nous enfoncer davantage encore dans les ténèbres, en laissant le soleil derrière nous, est un facteur qui, psychologiquement, ajoute une couche de stress à toutes les autres.

Le soleil nous le rendra une fois levé. Car en devenant « de minuit », c'est au nord, face à nous, qu'il se présentera en majesté.

Les gelures m'ont provoqué une infection sous les ongles des pouces qui me fait affreusement souffrir. Je tente de soigner mes doigts à la chaleur du réchaud, mais ça ne me fait plus guère d'effet. Mes pouces sont devenus énormes. Je les presse et en fais sortir des quantités de pus.

Avec un peu de crème antibiotique par là-dessus... leur état devrait malgré tout s'améliorer.

Mes blessures, la casse du matériel, la vie confinée à deux... tout ce que nous partageons de gré ou de force depuis le début a fini par faire éclater nos « zones de confort » respectives pour en créer une seule et unique : la tente.

La plus évidente manifestation de cette évolution est la manière dont nous satisfaisons nos besoins naturels.

Au début, ça se passait pour chacun de nous à l'extérieur. Puis c'est devenu chacun son tour dans le « vestibule », pendant que l'autre s'activait dehors. Le matin, de préférence, dernière précaution prise avant de partir, pour ne pas avoir les intestins encombrés en marchant. Un trou creusé à la va-vite dans la neige, et c'était plié. Mais souvent, dans notre précipitation, l'évacuation n'était que partielle, ce qui entraînait un inconfort certain par la suite.

Maintenant, ça se passe sous la tente. Ensemble. Chacun à une extrémité, tout en continuant à bavarder comme si de rien n'était. Ça fait partie de notre cérémonial du matin. « Rien de tel que l'odeur de la merde au réveil ! » lance-t-on en rigolant comme deux soudards.

Difficile, pour deux hétéros, d'être plus intimes...

On a l'impression de ne pas avancer, entre le froid (moins trente et un) qui fait coller les traîneaux à la neige quand ils sont mouillés, et les crêtes de compression à travers lesquelles il faut chercher un passage, quand on ne met pas des heures à les contourner.

Comme si on avait besoin de ça, le ski gauche de Borge cède soudain sans prévenir.

C'est juste le carre en acier, derrière la fixation, qui a cassé. Grâce à notre ski de secours Salomon, Borge peut continuer. Mais dès demain, on va devoir s'arrêter pour qu'il prenne le temps de réparer. Sinon, la fêlure s'ouvrira de plus en plus profondément, et son ski finira par éclater en deux morceaux.

« C'est la première fois que je casse un ski ! » s'étonne Borge, qui évoque un possible défaut de fabrication.

Je le crois d'autant plus volontiers que mes propres planches présentent des signes de fatigue au même endroit.

Il excuse aussitôt son équipementier. D'après lui, le climat et les conditions extrêmes d'utilisation rendent ce genre d'« accident » inévitable.

Personnellement, je pense que ça ne devrait jamais arriver, surtout avec du matériel fabriqué spécialement pour cette expédition…

Borge préconise que nous effectuions tous les deux un renforcement de nos skis au même endroit. On ne peut pas dire que cette perspective m'enchante : ces travaux vont nous faire perdre un temps considérable (je pense toujours à mon équation rations restantes/journées restantes) et, en ce qui me concerne, ils ne s'imposent pas encore. Encore une fois, je suis de l'école de ceux qui réparent *après* la casse (ou aux premiers signes de casse), pas avant. Si on se lance dans le rafistolage préventif… on peut aussi bien consolider à la main la totalité de l'équipement !

Borge entreprend donc seul de reculer de 5 ou 6 centimètres les fixations de trois sur quatre de nos skis, afin de les positionner à l'endroit de la cassure du sien et de déplacer ainsi le point de support du poids maximum (en espérant que la fêlure probable, dans le cœur de la planche, n'a pas dès à présent atteint un stade irréversible). Tout ça n'est déjà pas une mince affaire. Mais Borge, qui n'est pas l'homme des demi-mesures, s'attaque ensuite au gros œuvre : la réparation proprement dite de son ski endommagé. Il commence par en scier 25 centimètres à l'arrière, sur lesquels il installe la fixation. Reste le plus dur. Fixer ce morceau, comme une attelle, sur la cassure. Et solidement ! À défaut de pouvoir le visser, Borge perce SEIZE trous (toujours à l'aide de sa mini-perceuse manuelle en forme de tire-bouchon) dans le ski et son « attelle ». Enfin, il se sert de lacets de chaussures (les siens, dit-il, sont particulièrement solides) pour « coudre » les deux éléments l'un sur l'autre.

Il ne lui faut pas moins de ONZE HEURES pour effectuer ces travaux ! Plus que notre journée de marche habituelle !

J'en profite pour effectuer de mon côté quelques besognes d'aiguille, plus modestes, puisqu'elles consistent principalement à recoudre des fermetures zippées qui ont lâché, sur ma parka et ma doudoune.

On ne saura que demain, à l'épreuve du terrain, si cette réparation – dont Borge affirme qu'elle devrait être à la fois solide et souple – sera suffisante.

Mon peu expansif camarade doit prier les dieux vikings pour que ça tienne. Et surtout, pour ne pas avoir à faire le même travail sur les trois autres skis !

Lui qui, dans un premier temps, refusait d'incriminer son équipementier envisage à présent d'avoir avec lui une confrontation orageuse. Il apparaît clairement, en effet, qu'on l'a trompé sur la marchandise. Ces skis, prétendument fabriqués exprès pour cette expédition, prétendument renforcés, ne seraient que du vulgaire matériel de série !

Sérieusement… Si c'est vrai, et si Borge s'était lancé seul dans cette aventure, le fabricant en question aurait pu avoir sa mort sur la conscience.

N'oublions jamais que la vie de gens comme nous dépend pour une large part de la qualité de notre équipement. Viendrait-il à nous lâcher, nous serions comme une voiture avec un moteur en panne.

Mais assez d'idées noires. Ce soir, il y aurait de quoi sortir le champagne, si nous en avions.

En effet, les 20 kilomètres couverts aujourd'hui en dix heures et demie ne sont pas des kilomètres de banquise comme les autres, puisqu'ils nous ont fait franchir la barre symbolique des 500 kilomètres !

Autrement dit : on a fait la moitié du chemin ! Et même un peu plus, puisqu'il nous reste exactement 495 kilomètres avant le Pôle.

14

Les malheurs de Thomas U.

Alors que nous arrivons aux alentours de 86° de latitude nord, à environ 400 kilomètres du Pôle, un drame vient faire irruption dans notre capsule confinée et hors du temps.

George et Thomas ont décidé d'y aller, eux aussi.

Avec des fortunes diverses.

George Baumann vient de Gstaad, la célèbre et très sélecte station suisse qui se trouve à une vingtaine de kilomètres de chez moi. Il est déterminé à atteindre le Pôle, et je crois même savoir qu'il a fait de gros sacrifices pour financer son expédition. Mais une fois arrivé au cap Arkticheskiy, il a estimé que la glace n'était pas assez formée, que les conditions d'ensemble n'étaient pas réunies, bref... il a jugé préférable de renoncer.

Sans doute n'était-il pas tout à fait prêt à relever un défi dont il avait probablement sous-estimé la difficulté. Une fois au « cap A », la réalité lui est apparue dans toute sa terrifiante dimension, et il a fait ce à quoi les pilotes d'hélicoptère russes s'attendaient de notre part : rentrer avec eux.

La sagesse même, à mon avis.

Le cas de l'alpiniste Thomas Ulrich est beaucoup plus préoccupant.

Thomas est un vieil ami de Borge, avec qui il a

traversé en 2003 le glacier de Patagonie du Sud, le troisième plus grand glacier du monde après l'Antarctique et le Groenland. C'est pendant cette expédition que Borge lui a parlé de notre projet de rallier le pôle Nord en hiver.

Thomas a souhaité se joindre à nous. Mais il me semblait que, malgré tout le respect que j'avais pour lui en tant que grimpeur, il n'avait rien à apporter de suffisamment significatif pour contribuer au succès d'une entreprise comme la nôtre. Et puis, c'est avec Borge, personne d'autre, que je voulais relever ce défi. Borge l'a d'autant mieux compris que lui aussi m'avait choisi, moi, et personne d'autre. Nous avons donc décidé d'un commun accord de remercier Thomas pour son offre, mais de la décliner.

Or Thomas n'a pas renoncé pour autant et a décidé de partir seul. Et de traverser l'Arctique en passant par le Pôle, reliant ainsi la Sibérie au Canada !

Un exploit dont seul Borge, jusqu'à présent, avait été capable.

Était-ce bien raisonnable, pour un homme dont le terrain de prédilection est la montagne ; et qui n'a jamais conduit les expéditions auxquelles il a participé ?

Peut-être aurait-il dû commencer par une « simple » marche jusqu'au Pôle...

Un mois environ après que nous avons nous-mêmes quitté le cap Arkticheskiy, Ulrich, qui partage l'hélico de George Baumann, s'y pose avec lui. Mais quand Baumann repart, lui reste. Au vu de ses cartes satellites, il estime que la glace est parfaite et les conditions optimales – d'autant qu'au cap, à 600 kilomètres au sud de là où nous nous trouvons, il fait déjà jour.

Il se lance.

Quatre jours plus tard, il est en perdition, dérivant sur une plaque de glace de la taille d'un terrain de foot.

À peine a-t-il réussi à prendre pied sur la banquise qu'Ulrich a vu son canot pneumatique emporté par le vent, et la glace se morceler rapidement autour de lui, sous l'assaut des vagues.

Naufragé, incapable de bouger dans un sens ou dans l'autre, il ne peut que se laisser emporter par l'océan Arctique.

C'est le désastre absolu.

Il appelle au secours notre ami commun Victor Boyarsky, qui l'a aidé à préparer son expédition. Victor prend contact avec les équipes de Norilsk et leur demande d'aller récupérer Thomas. Les Russes répondent d'abord par la négative : une météo épouvantable empêche les hélicos de décoller. Finalement, après pas mal de tergiversations, ils y vont.

Commence alors l'une des opérations de sauvetage les plus spectaculaires et les plus dramatiques de l'histoire de l'Arctique.

Quant à Borge et moi, le moins qu'on puisse dire, c'est qu'on n'avait pas besoin de ça.

L'« affaire » Ulrich nous mine le moral. Chaque soir, sous la tente, nous suivons le feuilleton de ses mésaventures grâce à Hans, le manager de l'expédition de Thomas, qui lui envoie ses bulletins météo (il nous en expédie parfois à nous aussi). Sur une messagerie spéciale, Hans nous laisse des textos qui nous font frémir : « Thomas est naufragé sur la glace… Thomas est en danger de mort… »

Alors que son ami continue d'appeler au secours, Borge culpabilise. « Il aurait dû être avec nous, pense-t-il, ça lui aurait sauvé la vie… » Il communique avec le responsable de l'opération de sauvetage, qui le tient informé dans les moindres détails.

Le malaise a fini par me gagner, moi aussi.

Si jamais il ne s'en tire pas…

Heureusement, les choses n'iront pas jusque-là. Les Russes finissent par retrouver Thomas. Un sauvetage héroïque, réussi malgré une météo épouvantable.

On peut dire que Thomas doit la vie, non seulement à la dextérité des pilotes russes, mais à un formidable coup de pouce du destin : d'abord, il fait jour à la latitude où il se trouve, ce qui permet aux hélicos d'aller le chercher. Ensuite, au moment de la catastrophe, il n'a pas encore dépassé la hauteur du cap Arkticheskiy. Il est même un peu au sud.

Plus tard, il racontera toute son aventure en détail dans les pages du *National Geographic Adventure*, et son équipée bénéficiera d'une belle couverture médiatique.

Thomas, malgré son échec, peut se vanter d'une belle victoire.

Celle d'être toujours en vie.

D'autres, comme la Française Dominique Ardvin, disparue dans l'Arctique en mars 2004 alors qu'elle tentait de gagner le Pôle, n'ont pas eu cette chance.

15

Danse avec les ours

Ça a tenu ! Borge a un ski plus court que l'autre, mais ça n'a pas l'air de le gêner… La glace est bonne. On fonce, malgré quelques étendues d'eau ouverte qu'on réussit à traverser sans se mouiller. On s'en félicite d'autant plus que le thermomètre a chuté à moins trente-cinq.

Contrairement à ce qu'on croit souvent, les variations de température sont sensibles, sur la banquise ou dans le Grand Nord, même entre deux mesures extrêmes. On sent tout de suite la différence entre moins trente et moins trente-cinq ; entre moins trente-cinq et moins quarante, etc.

Et on l'éprouve encore plus douloureusement sous la tente, quand on n'a plus la possibilité de marcher pour se réchauffer. Là, le froid complique les tâches les plus banales, les plus quotidiennes. De même qu'il fait adhérer la neige aux traîneaux humides, il rend collantes – ou cassantes – toutes les surfaces métalliques.

Ce soir, par exemple, j'ai du mal à me servir de mon téléphone satellite.

Tant pis… ça marchera mieux demain.

D'un coup, avec un accord parfait, nous sautons littéralement hors de nos sacs de couchage. Cette fois, pas de « bip… bip… bip… » assourdis pour nous réveiller en douceur. Pas de « *Time* » grogné par Borge dans sa barbe. C'est un ours qui nous tire du sommeil ! Et il est tout près ! Si près qu'il est pratiquement sous la tente !

On passe la tête dehors avec prudence, histoire de ne pas se la faire arracher d'un coup de patte. C'est un jeune plantigrade. Il a déjà réussi à déchirer la bâche de mon traîneau et il a le nez dans mes provisions.

Notre apparition lui fait peur – on le comprend – et il s'enfuit avant d'avoir eu le temps de nous dépouiller.

Peu après avoir levé le camp et repris la route, on s'aperçoit que l'ours nous suit.

Un drôle de jeu commence, qui dure une partie de la journée. L'ours va se cacher et nous guette. Il se couche sur une surface plane, attend qu'on s'approche, puis file un peu plus loin…

Il est à une vingtaine de mètres, quand Borge lui crie :

— Va-t'en ! On t'aime, mais pas si près de nous !

Il obéit et file se cacher dans les congères : une position stratégique pour mieux nous voir venir.

Je ne pense pas que cet ours, plus curieux et affamé que réellement dangereux, représente une véritable menace. Mais il reste capable d'endommager la tente ou de s'en prendre de nouveau aux provisions.

Et puis, rien n'affirme qu'il soit seul.

En tout cas, je ne peux que constater une fois de plus le « décalage » entre ce plantigrade et son environnement naturel. 87° nord, c'est haut. Trop haut. Plus au sud, dans les régions côtières du continent qui constituent son habitat d'origine, le réchauffement climatique a multiplié et agrandi les étendues d'eau ouverte au point de rendre la chasse difficile pour les ours : les phoques peuvent respirer loin de la rive, hors de leur portée.

Autrefois, l'ours qu'on croisait aussi loin au nord était perdu. Aujourd'hui, il est tout simplement à la recherche de sa pitance...

En nous collant pendant des heures, l'ours nous ralentit, car nous passons notre temps à regarder par-dessus notre épaule, à le guetter, à nous inquiéter quand il disparaît, à nous tenir prêts à lui faire peur pour l'éloigner... Bref, il nous déconcentre et prive notre course d'une partie de l'énergie que nous avons à lui consacrer.

Pour l'obliger à décrocher une bonne fois, nous tirons deux fusées éclairantes dans sa direction. Pas le moins du monde impressionné, l'ours ne bouge pas d'un millimètre. Une troisième fusée... Cette fois, il se jette dessus et... la mange !

On continue, l'ours toujours sur nos talons. S'il s'obstine, on va avoir un sérieux problème : comment faire pour camper, si le plantigrade ne nous lâche pas ? Va-t-on devoir monter la garde à tour de rôle devant les traîneaux ?

Finalement, il nous abandonne, deux heures avant la fin de notre journée de marche. Espérons qu'il va repartir vers le sud, en direction des trous de phoque, et nous laisser dormir à peu près tranquilles.

La température grimpe de quatre ou cinq degrés en cours de journée. De jour en jour, la glace gagne en consistance et en régularité, mais les étendues d'eau libre sont encore nombreuses. Avec ces températures, elles ont vite fait de geler, mais ce sont de fines pellicules de glace sur lesquelles nous progressons en guettant à chaque seconde le craquement fatal...

Et dire que des ours de plus d'une demi-tonne y

évoluent à l'aise, grâce à la virtuosité instinctive avec laquelle ils distribuent leur poids !

Quant à notre tandem... on fonctionne désormais comme une mécanique parfaitement huilée, Borge et moi. J'ai donné au « roi de l'Arctique » un second surnom : le « roi du *pack* », tellement il est expert dans l'art de déchiffrer la glace, de se faufiler dans la moindre ouverture, de dénicher la trajectoire idéale.

Parfois, quand nous nous retrouvons devant une étendue d'eau libre ou face à l'une de ces innombrables montagnes de *pack*, il fait appel à moi. Je me porte à sa hauteur et, côte à côte, nous réfléchissons en étudiant la configuration du nouveau challenge qui s'offre à nous. Puis, chacun de notre côté, nous tentons de dénicher un passage. Parfois, on confronte nos idées. « Mon chemin est mieux parce que... » « Non, le mien est plus valable vu que... » Mais on ne s'engueule jamais. D'ailleurs, dans ce domaine, c'est généralement Borge qui a raison.

Moi, je suis toujours le « navigateur », spécialisé dans l'interprétation de la position de la lune et des étoiles, dans la lecture des formations du relief, l'utilisation des vents, etc. Souvent, quand il marche en tête, Borge se retourne et me lance :

— Je suis toujours sur la bonne trajectoire ?

Je réponds :

— Oblique 3° ouest... ou 2° est, etc.

Aussitôt, il ajuste son cap.

Sans se vanter, on peut dire qu'on forme une bonne équipe !

Les difficultés du début auraient été plus faciles à surmonter si nous avions d'emblée profité de l'harmonie de fonctionnement qui est la nôtre aujourd'hui.

Mais si c'était le goût de la facilité qui nous motivait… on ne serait pas là.

Revoilà notre ours ! C'est bien celui d'hier, on le reconnaît aisément. Histoire de nous mettre tout de suite dans l'ambiance du jour, il commence par déchirer la bâche de mon traîneau.

Je répare et on repart, fouettés par des vents d'est qui ont fait chuter le thermomètre dans les tréfonds. C'est l'alerte rouge, côté protection des mains et des pieds. Pour calmer la douleur de mes doigts, je prends un demi-cachet d'aspirine ou un vasodilatateur (je n'abuse ni de l'aspirine, à cause des brûlures d'estomac, ni des vasodilatateurs, dont je n'ai qu'une boîte ; j'en prends un cachet de temps en temps, quand il fait exceptionnellement froid). Mon pouce semble se stabiliser, mais ces températures extrêmes ne vont pas l'arranger.

Notre plantigrade n'arrange rien non plus en recommençant à nous suivre. Il devient familier et s'approche de plus en plus. Quand il est à 3 mètres, on éprouve un léger malaise, Borge et moi. Une bonne fusée éclairante et le voilà parti. Pour l'instant.

Une heure plus tard, c'est une mère, avec ses deux petits, qui prend la suite. La tension monte d'un cran. Les ourses accompagnées de leur progéniture peuvent être agressives, et même féroces, si jamais elles perçoivent la moindre menace à leur égard. Une menace qui, d'ailleurs, vient le plus souvent de leur propre père. En effet, celui-ci guette la première occasion de les tuer, pour que leur mère se retrouve en chaleur et réponde plus rapidement à ses avances.

Les femelles sont donc en permanence sur leurs gardes, prêtes à passer à l'attaque à tout moment. Celle-ci ne perd pas une miette de la scène, lorsque ses oursons s'approchent de nous. Borge et moi, dans nos petits souliers (façon de parler), évitons de faire le moindre geste qui pourrait être mal interprété…

Cela dit, ces magnifiques animaux ont l'air sains et bien nourris. Je crois qu'ils sont surtout curieux. Normal : on ne croise pas beaucoup de bipèdes, par ici.

Deux heures durant, nous progressons sur de la glace assez fine pour nous laisser voir l'océan en transparence, mais suffisamment épaisse pour qu'on ne passe pas au travers. Le tout, c'est d'éviter ces petits lacs ouverts un peu partout, vers lesquels les ours convergent en nombre si on en croit leurs multiples traces.

Pendant ma traversée du Grand Nord canadien, j'ai eu plus d'une fois l'occasion d'être fasciné par leur manière d'arracher leur proie à l'eau glacée et de l'ouvrir en deux sur toute sa longueur, d'un seul coup de leurs griffes longues comme des doigts d'homme. La graisse du phoque se répand sur la banquise et l'ours s'en régale, renouvelant ainsi son propre stock de matière grasse antifroid. Puis, princier, il abandonne la viande aux renards des neiges et autres petits carnivores des hautes latitudes…

En ce moment, il faut bien avouer que, par leur nombre, les ours polaires nous gâchent un peu la vie. Attirés par notre nourriture, ils ne cessent de nous tourner autour. Et nous, obligés de rester vigilants pour garder nos précieuses rations, nous sommes moins concentrés sur notre objectif.

En outre, nous ne dormons que d'un œil. Les traîneaux sont « garés » tout près de la tente et quand un ours y met le nez… son mufle, ses crocs sont à 50 centimètres de nos têtes. Être réveillé par un fauve des glaces fouillant nos réserves à la recherche de son prochain dîner est plutôt angoissant. Les grognements, les raclements de griffes, le souffle bruyant de l'animal nous réduisent à la véritable dimension qui est la nôtre, sur la banquise : minuscule.

J'ai toujours respecté la Nature par-dessus tout, car la Nature seule reste capable de ramener les hommes à l'humilité. Les « catastrophes naturelles » nous en fournissent régulièrement la démonstration. Et les aventuriers professionnels dans mon genre sont bien placés pour savoir de quoi elle est capable.

Depuis le début de cette expédition, la Nature nous a empêchés d'avancer en déroulant le sol sous nous, et ne nous a finalement permis de progresser qu'au rythme de son bon vouloir.

Les monstres magnifiques qui, jour et nuit, nous serrent de près sont encore une manière pour elle de nous avertir : « Vous êtes vivants parce que je le veux bien. Vous ne marchez qu'à la vitesse que je décide. »

Le fait est… les 25 kilomètres que nous réussissons à couvrir dans la journée sont particulièrement difficiles, entre les ours qui nous obligent à un surcroît de vigilance et ce froid glacial qui fait du moindre mouvement un exploit.

Si les températures pouvaient remonter un tout petit peu, ça nous arrangerait, disons-le franchement. Pour le reste… on est bien, côté provisions. Seuls les skis nous inquiètent un peu. Pourvu qu'ils tiennent !

16

Vingt-six heures par jour

Le ciel s'est couvert et les vents d'est se sont calmés, laissant le thermomètre remonter à moins trente. Un vrai bonheur ! Partis ce matin, enveloppés comme des oignons, la quasi-totalité de nos vêtements sur nous, on est obligés de se déshabiller partiellement en cours de route.

Les vents continuent à faiblir et virent au sud-est. Une petite poussée dans le dos, c'est toujours ça de pris.

Sur l'horizon, une trace rougeoyante diffuse une lueur qui nous dispense d'utiliser nos lampes frontales. On a l'impression d'avancer plus vite, comme si ce semblant de lumière rendait tout plus facile. D'ailleurs, c'est le cas. Et ce « bout du tunnel » qu'on croit apercevoir, soudain, nous donne des ailes.

Des ailes qui nous font filer sur la glace égale de quelques lacs gelés, orientés nord-sud, mais qui ne nous permettent pas de survoler les zones de compression qui s'annoncent ensuite. Cinq, six mètres de haut… Ces empilements de masses translucides sont des labyrinthes magnifiques dont il faut chaque fois percer le mystère, pour qu'ils nous laissent passer.

Au fait… aurait-on quitté « Oursland » ? Plus un museau pointant derrière une congère, plus une trace griffue aux abords de l'eau. Ont-ils finalement compris le message qu'on a tenté de leur envoyer à coups de feu d'artifice ? Si c'est le cas, on va pouvoir dormir plus profondément, et je ne serai plus obligé de commencer mes journées en reprisant la bâche de mon traîneau.

Surtout que la fatigue commence à se faire sentir. Nos dix heures de marche quotidiennes nous laissent tout juste la force de monter le campement, brosser la neige de nos vêtements, préparer et avaler le dîner avant de sombrer.

Pourtant, ce n'est pas le moment de faiblir. Alors que nous ne sommes plus qu'à 392 kilomètres, on annonce des vents du nord qui vont de nouveau nous souffler en pleine face et nous faire dériver en arrière !...

Malgré une visibilité nulle pour cause de blanc total, on avance idéalement pendant plusieurs heures, ce 7 mars, sur la surface plane d'une longue ficelle d'eau gelée qui file droit au nord. Avec, pour faire bonne mesure, une légère dérive favorable de 0,3 kilomètre par heure, et la poussée des vents du sud.

Mais c'était trop beau pour durer ! Une zone de compression dresse ses Meccano surnaturels devant nous. En sous-sol et en surface, l'activité continue, à en juger par les grincements, crissements, déflagrations qui font croire à l'éveil d'un faramineux « jurassic glace ». Ça travaille jusque sous nos pieds, mais on ne se laisse pas démonter : la surface est solide et il n'y a pas de danger immédiat. L'ennui, c'est que ces barricades géantes qui poussent en accéléré nous coupent la route et nous obligent souvent à faire demi-tour pour les contourner.

Sortir de la zone de compression nous prend la plus grande partie de la journée et nous coûte des heures précieuses.

Ça ne fait rien. On tient la forme et, pour l'instant,

l'équipement ne donne pas de nouveaux signes de faiblesse. Mais on ne relâche pas notre vigilance.

Toujours pas d'ours en vue. Rien d'autre non plus... Rien que nous deux, traçant notre sillon, mètre après mètre, sur cette planète déserte dont la splendeur glacée nous prend sans cesse à la gorge. Je voudrais que nos photos parviennent à donner ne serait-ce qu'une idée de cet incroyable spectacle...

Encore un « jour nocturne » de visibilité quasi nulle. Mais cette fois, les forts vents du nord jouent contre nous. Ils se calment en cours de journée et le thermomètre remonte, remonte... jusqu'à moins quinze ! Bizarre... Inquiétant, même. Ça ressemble à une sorte de calme avant la tempête. En l'occurrence, avant une plongée vertigineuse des températures. C'est ce qui est annoncé, avec des courants aériens violents.

Ça va être dur pour mes doigts.

En attendant, on continue à jouer à cache-cache dans les dédales du *pack*, tout en maintenant une moyenne satisfaisante : 26 kilomètres, aujourd'hui. Tout ce qu'on demande, c'est de pouvoir continuer à ce rythme.

Malgré nous, on fait des calculs. On tire des plans sur la banquise.

Puisqu'on gagne un degré de latitude tous les cinq jours, en moyenne, on devrait pouvoir avaler les trois derniers degrés en douze jours. À condition de mettre le turbo. D'ores et déjà, on peut annoncer que – sauf catastrophe imprévisible – notre arrivée au Pôle aura bien lieu le 23 mars !

Une fois à 88° de latitude nord, on sera en mesure de le confirmer !

Cette fois, on sent l'écurie, Borge et moi. À tel point qu'on décide de piquer un grand sprint final. On n'a pas de mal à tomber d'accord : l'envie nous chatouillait tous les deux depuis un moment.

Les journées de repos, c'est fini. On aura le temps d'en prendre à Barnéo. La base russe nous servira de sas, avant de réintégrer le monde des hommes.

C'est qu'on aura besoin de se reposer, mais surtout de prendre du recul... pour mesurer toute l'ampleur de ce qu'on aura accompli.

Mais n'anticipons pas, ça porte malheur. Surtout que tant de choses peuvent arriver d'ici là...

Premier jour de mise en application du plan « Pôle express ». Douze heures de marche au lieu de dix, par des vents de nord-ouest infernaux qui font replonger la température à moins trente-quatre ! La fourrure qui borde nos capuches (celle de Borge est moins volumineuse) nous protège en partie, mais on doit prendre des précautions extrêmes pour éviter que la peau du visage ne gèle. Mes doigts, pour l'instant, résistent, c'est déjà ça.

La bourrasque nous impose une dérive contraire, le *pack* multiplie les obstacles, et les étendues d'eau recouvertes d'une fragile pellicule de glace ne cessent de nous barrer le chemin. L'une d'elles, quoique pas très large, nous semble un vrai piège. On la franchit en improvisant une sorte de pont avec nos luges, sur lesquelles on rampe ensuite comme des paresseux dans la canopée équatoriale. L'un de nous trouve le moyen de prendre une photo et de l'afficher sur le Net... Je crois que c'est moi.

Au bout de douze heures de ce parcours du combattant, on a 28 kilomètres derrière nous, mais on est à ramasser à la cuiller. Ce « jour le plus long », sans rapport avec le nombre de minutes de soleil (toujours absent), nous a vidés. On monte un campement tardif à

87,12° de latitude nord, alors que le vent se calme enfin. Espérons qu'il aura partiellement refermé les lacs et que le froid intense aura solidifié la glace sur l'eau libre à venir.

Une chose se confirme au fil des jours : la banquise est aussi un combat psychologique qui se gagne mieux à deux. Qu'on se batte contre le *pack*, qu'on hisse, pousse, soulève les traîneaux, qu'on patauge dans l'eau noire et glaciale, qu'on lutte contre des bourrasques qui nous arrachent la peau… ça fait du bien d'entendre des phrases du genre : « Ça pourrait être pire », ou : « C'est pas si dur que ça »… Ça aide. Même quand les mots sont mensongers parce que ce qu'on est en train de traverser au moment où on les prononce… pourrait difficilement être pire. Même si on le sait. Mais se mentir à soi-même n'est pas toujours convaincant. C'est là que l'autre joue un rôle précieux. Lui, on le croit, parce qu'il a sûrement vu quelque chose qui nous a échappé, remarqué un détail qui justifie son optimisme. Et comme il est la personne au monde en qui on a le plus confiance…

Trois cent onze kilomètres. C'est le chiffre que nous inscrivons dans notre ligne de mire, ce 10 mars, en attaquant la banquise pour une deuxième journée de douze heures. Hier, on était vraiment lessivés. Pourvu qu'on tienne jusqu'au bout, à ce rythme.

En attendant, il fait toujours moins trente-huit. Le « tapis roulant » recule sous nos pieds à la vitesse de 0,3 kilomètre à l'heure, et le vent de nord-ouest de 4 mètres par seconde nous punit gravement. Une fois de plus, le froid assèche la neige et lui donne une consistance de papier de verre. Traîner les luges collantes par-dessus les monticules élevés par la tempête est un travail de forçats.

Au bout de huit heures, mes doigts se mettent à implorer grâce. Je fais semblant de ne pas les entendre, mais ils se vengent en me torturant sans répit pendant quatre heures. Ce n'est qu'une fois sous la tente, lorsque je les réchauffe autour d'une soupe brûlante qu'ils consentent à me laisser tranquille.

Pour se donner de meilleures chances, on décide de dormir une heure et demie de plus. Quatre-vingt-dix minutes gagnées sur le temps dévolu à toutes nos activités annexes, qu'il va falloir resserrer.

Mais pas question, pour Borge, de consacrer moins de temps, le soir, à réparer ses peaux de phoque : elles ont tendance à s'user à la pliure des skis. Il faut les renforcer avant qu'elles ne cèdent.

Après avoir respecté une sorte de palier où nous avons repris à la fois notre souffle et notre élan, nous réalisons maintenant le rêve de tous les hommes d'affaires overbookés : des journées de vingt-six heures ! Et même vingt-huit ! Et même trente ! C'est possible, dans cet environnement sans repères naturels de jour et de nuit, sans horaires imposés, sans décor urbain ni cadre social pour nous dicter leur rythme de fonctionnement. On peut faire commencer – et finir – la journée à n'importe quelle heure, puisque sa structure ne dépend que de nous.

Le thermomètre descend toujours. Il atteint le seuil des moins quarante !

Nous avançons comme les deux éléments d'un attelage parfaitement huilé. Du même pas mécanique et lourd, inexorable comme celui des bœufs qui, autrefois, tiraient les charrues. Il y a quelque chose de paysan, de borné et de fataliste dans notre manière de mettre un pied devant l'autre et de recommencer, heure après heure, jour après jour… en ayant presque oublié pourquoi.

Pourquoi faire ce que nous faisons, pourquoi aller où nous allons, pourquoi risquer notre vie, pourquoi souffrir ?

Autant de questions auxquelles nous savons bien qu'il y a un tas de bonnes, d'excellentes réponses… Pour l'instant, elles sont comme notre objectif : invisibles, mais réelles.

Cachées, elles nous reviendront en temps utile.

Les vents de nord-ouest se calment en cours de route : il devrait faire un peu moins froid demain. Tant mieux pour mon nez et mes doigts, qui ne sont pas beaux à voir…

Ça se réchauffe, oui, mais de trois degrés seulement. Autant dire qu'on sent à peine la différence. La marche dans ces conditions est dure et douloureuse, mais nos organismes s'habituent à ces deux heures d'effort supplémentaires qu'on a décidé de leur infliger. La glace nous offre une surface à peu près plane, malgré quelques zones de banquise éclatée et de nombreux monticules neigeux. Les longues failles liquides sont orientées nord-sud, ce qui nous permet de les longer jusqu'à ce qu'on trouve un passage.

En gros, aujourd'hui : un inconvénient pour un avantage…

Pareil pour le vent. Soufflant du nord-est, il nous fait reculer de 4 kilomètres, mais on en gagne quand même 23 dans la journée.

On est si épuisés qu'on tombe pratiquement le nez dans la soupe. Mais une fois dans le sac… il est presque impossible de dormir, à cause du froid.

Il est temps qu'on arrive : je commence à rêver d'un vrai lit.

Le matériel est comme nous : il s'use mais, pour l'instant, résiste. Les traîneaux s'allègent imperceptiblement, de jour en jour, en perdant le kilo cent de nourriture et les trois cents grammes de fuel que nous consommons quotidiennement. Ils pesaient cent soixante-quinze kilos à notre départ du cap Arktichesskiy. À vue de nez, ils doivent en faire quatre-vingt-dix maintenant. Une différence appréciable.

On commence sérieusement à rouler sur nos réserves, alors on essaie de trouver des trucs pour se faciliter la vie. Si une étendue d'eau libre n'est pas trop large, au lieu d'enfiler nos combinaisons imperméables, on attache deux traîneaux bord à bord et on traverse dessus, l'un après l'autre. Si ma luge coince, Borge lui donne une poussée avec son bâton de ski. Quand lui-même a besoin de s'arrimer à quelque chose, il attrape la corde que je traîne toujours à ma suite… Chacun joue sa partition sans une fausse note, rendant le *team* d'autant plus efficace.

Au cinquante et unième jour de l'expédition, nous luttons pied à pied contre une bourrasque glaciale qui fait tomber la température de moins trente-quatre à moins trente-sept, nous lamine et nous écorche. Au bout de dix heures, vidés de notre énergie, pratiquement exsangues, nous mettons un terme à ce qui restera l'une des plus dures journées de notre raid polaire.

On s'est juré de tout donner. C'est ce qu'on a fait, et même au-delà. Bien au-delà. Mais nos forces s'épuisent. Les gelures de mes doigts ont empiré au point d'éclater. Ce n'est pas beau à voir. Il faut dire que depuis ce fameux jour où je suis passé deux fois de suite à travers la glace, mes gants n'ont jamais réussi à sécher complètement !

Borge, lui, n'arrive pas à réchauffer ses pieds. Son talon droit, blessé par les longues heures de marche quasi ininterrompue, le fait horriblement souffrir.

À se demander – sérieusement – si on va pouvoir tenir ce rythme jusqu'à la fin.

D'autant que... une chose m'apparaît soudain avec une évidence terrible, alors qu'on est en train de se tuer à la tâche.

On ne s'amuse plus !

De but en blanc, à l'étape du soir, je pose la question à Borge :

— Dis-moi franchement... est-ce que tu prends du plaisir ?

Le Viking me jette un regard déconcerté :

— Tu plaisantes ? J'en bave, oui !

— Et tu ne crois pas que c'est dommage ?

— Comment ça ?

— C'est probablement ta dernière expédition vers le pôle Nord. La mienne aussi. Il me semble qu'on devrait en profiter au maximum, non ? S'éclater !

Il esquisse un sourire. Apparemment, il pense que je n'ai pas entièrement tort...

Bien sûr, vu la dureté de ce qu'on s'inflige, le plaisir en question ne saurait être qu'intellectuel, et *a posteriori*. Mais il sera intense. Et prendra avec le temps une importance considérable. Pour l'instant, nous sommes comme deux marathoniens qui traverseraient les plus beaux paysages du monde sans décoller le regard du bitume.

Il est temps de lever les yeux.

Temps, aussi, de réévaluer le rapport prise de risques/prudence, si on veut arriver au bout.

Nous avons rallongé nos journées, augmenté le nombre de nos heures de marche quotidiennes, sans avaler une calorie de plus et sans prolonger d'une minute nos cinq ou six heures de sommeil habituelles.

Nous devons regarder les choses en face : les efforts supplémentaires que nous nous sommes imposés n'ont pas vraiment payé. Et avec les températures qui, par surcroît, se sont mises à chuter brutalement... on s'affaiblit de jour en jour.

Il y a encore pas mal de chemin à faire et ce n'est pas en mourant d'épuisement qu'on réussira.

On devrait peut-être cesser de lutter en vain contre les forces de la Nature. Attendre qu'elle se mette de notre côté, pour se défoncer utilement. Or la météo prévoit pour toute la semaine des vents du nord aussi violents qu'aujourd'hui et des températures aussi froides...

On décide de se ménager un peu et de faire retomber la pression. Pour l'instant, du moins. Pour commencer, on ne marchera que dix heures, demain ; on ramènera la journée à vingt-quatre heures et on dormira une heure de plus, histoire de reconstituer un peu nos forces.

Après tout, on est arrivés à 88° de latitude nord. Plus que deux degrés et on sera au Pôle avant fin mars, avant la fin de l'hiver.

Plus que deux degrés de latitude entre nous et l'exploit.

On peut se permettre d'attendre que la Nature soit prête à nous recevoir.

Côté météo, rien ne change : froid glacial et bourrasques de plein fouet. Des salves de lames de rasoir tirées en pleine figure ! Avec en prime une dérive contraire de 0,7 kilomètre par heure, qui donne l'horrible et frustrante sensation de se battre et de souffrir en vain.

Notre premier souci n'est plus d'avancer, mais de protéger nos extrémités. Le remède de Borge, qui perd régulièrement toute sensation dans les pieds, consiste à découper une paire de ses épaisses chaussettes de laine et à coller celles-ci autour de ses chaussures à l'aide de ruban adhésif ! Résultat : des espèces de guêtres censées former une couche isolante supplémentaire, mais qui se révèlent, hélas ! à peu près inefficaces. La meilleure protection contre le froid consiste encore pour lui à ne pas s'arrêter de marcher.

Le terrain joue contre nous, lui aussi : des morceaux de glace à l'infini, une sorte de gros plâtras irrégulier, pilé par l'interaction des plaques de banquise et partiellement recouvert de neige. Souvent, le parcours devient si impraticable que nous sommes obligés de déchausser les skis et de les attacher aux luges. Quand on les remet, cette surface terriblement agressive fait souffrir nos « Telemark » déjà fragilisés.

Au bout de quelques heures, Borge s'aperçoit que le carre métallique d'un de ses skis se décolle !

Obligés de stopper un peu plus tôt pour cause de travaux.

Lesquels se décomposent en trois phases.

Un : décollage intégral de la charnière métallique du ski incriminé.

Deux : mise à température par le moyen du réchaud de la tente de la colle Araldite gelée.

Trois : recollage de la charnière métallique.

C'est toujours avec un mélange d'intérêt, de stupéfaction et d'admiration que j'observe Borge en plein bricolage. Son inventivité en la matière (la chaussette-guêtre, il fallait le trouver !) n'a d'égale que son application d'artisan modèle. C'est le MacGyver de la banquise. On a l'impression que rien ne saurait lui résister.

Surtout avec l'aide d'un kit de réparation aussi complet que le nôtre…

J'avoue que, loin d'être furieux de ce contretemps, c'est avec soulagement que je me suis enfin retrouvé à l'abri du vent glacial !

Mes gants se décident finalement à sécher. Après bientôt trois semaines à plonger quotidiennement mes mains dans ces bacs à glace, c'est un bonheur difficilement descriptible.

Un bonheur, aussi, d'enfiler mes vêtements isolants et la doudoune de plumes sans manches que je porte sous ma parka par grand froid, enfin débarrassés de toute humidité, ayant retrouvé leur douillette souplesse ! Physiquement – j'allais dire « épidermiquement » –, c'est presque comme si l'expédition commençait !

Le ski de Borge devrait de nouveau être opérationnel d'ici demain matin. Ce qui nous permettra, plutôt que de rester assis sous la tente, à la merci des éléments, de continuer à avancer – avec prudence – en attendant que la température remonte.

Cette fois, ça y est : la date est officielle.

Même sans nous surmener, on devrait atteindre le Pôle – distant de 211 kilomètres – le 23 mars.

C'est proche… et c'est loin. Comme j'ai souvent pu le constater, les derniers jours sont toujours les plus durs.

17

Mourir debout

Les vents du nord, qui continuent à souffler avec violence, nous ont repoussés de 3 kilomètres, durant la nuit. On essaie de ne pas penser à ce handicap, ce 15 mars, en attaquant notre cinquante-troisième journée sur la glace. Laquelle persiste à alterner le plat et la rocaille, la plupart du temps sans aucune transition. Le ski de Borge tient le coup, mais tout juste. Ce soir, il renforcera son rafistolage d'hier à l'aide de quelques boulons bien placés, ce qui devrait maintenir la cohésion de l'ensemble jusqu'au Pôle.

Malgré la dérive qui continue, on progresse de 22 kilomètres en dix heures. Plus que 192 ! On est passés sous la barre des 200 !

Vers la fin de la journée, les vents se sont un peu calmés et la température est remontée à moins vingt-neuf. Derrière l'horizon, on devine une flamboyance encore cachée : celle du soleil, dont le bord supérieur va bientôt poindre, fugitif comme la dorsale d'un cétacé dans le reflet des vagues.

D'ici une semaine, le soleil sera revenu pour de bon et nous éclairera vingt-quatre heures sur vingt-quatre.

Quand je pense qu'on est partis dans le noir absolu !

J'ai encore un peu de mal à m'imaginer que dans très peu de temps, je serai debout sur le pôle Nord…

On s'est réjouis trop tôt : le thermomètre replonge brutalement à moins trente-huit et le froid nous scie littéralement en deux. Les vents glacés nous tourbillonnent autour sans direction précise, comme s'ils cherchaient à nous désorienter. Le visage nous brûle. Mon nez pèle comme une tomate dans l'eau bouillante… Voilà dix jours qu'on subit des températures de moins trente-cinq à moins quarante, et toujours pas le moindre signe de redoux. Les luges collent à la neige, l'eau met une éternité à chauffer, le froid nous pénètre jusqu'aux os…

Malgré tout, le moral reste solide. Si ce n'est que je commence à voir danser devant mes yeux des farandoles de gâteaux, de fromages et de toutes les variétés de chocolat suisse.

Tout est blanc, dans cette obscurité qui pâlit de jour en jour. Au cœur de cette longue nuit, la banquise et le ciel se confondent. Deux mètres à peine de visibilité. En plus, la glace est mauvaise. Fluctuante, par endroits. On rencontre même quelques ouvertures d'eau libre. Théoriquement impensable, à cette latitude !

Alors qu'on pensait pouvoir laisser nos combinaisons étanches pliées au fond des traîneaux, nous voilà obligés de les renfiler, et de nous remettre à l'eau. Deux fois. On est en droit d'espérer que ce sont les dernières. Mais les certitudes, il y a un moment qu'on les a laissées derrière nous, quelque part sur la banquise…

Cependant, après deux mois dans la nuit, cette lumière que nous pressentons, plus que nous ne la voyons réellement, est déjà une libération et un bonheur. Sur l'horizon, elle produit des nuances roses, turquoise, mauves, inédites dans la nature, teintes irréelles appartenant à un arc-en-ciel inimaginable ailleurs. Le ciel libre de toute pollution, d'une pureté de cristal, sert de miroir à cette aube magnifique qui est encore une promesse et déjà un spectacle.

On voudrait marcher vers cette pâleur colorée d'espoir, plutôt que vers la nuit, comme on le fait…

Mais on a des raisons de se réjouir. Savoir que dans trois jours, le soleil fera sa première véritable apparition nous donne un formidable coup de *booster* au moral et nous euphorise à tel point que, spontanément, sans savoir au juste pourquoi, nous tombons dans les bras l'un de l'autre.

On a même l'impression qu'il fait plus chaud, tout à coup. Mais non. Vérification faite, il fait toujours moins trente-huit.

De moins trente-huit, la température glisse jusqu'à moins quarante. C'est l'une des journées les plus froides que nous ayons connues. La caméra gèle. La marche devient pénible et nous n'insistons pas au-delà de ce qui est strictement nécessaire à notre moyenne.

Le lendemain, la progression est si difficile que nous ne couvrons que 15 kilomètres en dix heures de lutte. Au moment où nous établissons le campement, le vent s'est arrêté net. On devrait cesser de dériver en arrière…

Il règne un étrange silence.

Le thermomètre est remonté jusqu'à moins quinze.

Le Pôle est là, tout proche. On arrive presque à le sentir.

Les températures continuent à jouer au Yo-Yo et nous donnent une nouvelle journée de froid intense et mordant. Une de plus. Avec des rafales d'est à 8 mètres par seconde entraînant une forte dérive nord-ouest.

Celle-ci, pour une fois, a des effets plus que positifs, puisqu'elle ramasse la glace et referme les ouvertures d'eau libre.

Les éléments nous fabriquent un boulevard !

À quelques jours du Pôle, on nous offre enfin une dérive dans la bonne direction !

Si seulement les choses pouvaient continuer comme ça jusqu'à la fin !

Le soleil couronne ce jour de gloire en faisant sa première véritable apparition : sa sphère tout entière, accrochée quatre heures de suite en plein ciel ! Aux premières loges, je ne sais plus où donner du megapixel, tant je voudrais faire partager ce spectacle à ceux qui nous suivent sur le Web. Mais malgré tous mes efforts – et la qualité de mon matériel –, je sais que mes tentatives seront vaines. Il faut être ici, maintenant, pour voir ce que nous voyons et éprouver ce que nous éprouvons.

Entrer dans la lumière d'un super *show* que l'univers met en scène pour nous seuls.

En direct *live*.

Ou plutôt… en léger différé.

Car ce beau soleil est un faux soleil. Un mirage ! Un simple reflet de lui-même, qui ne produit pas d'ombre !

Une fois encore, les vents se calment progressivement en cours de journée. Il fait moins vingt-huit quand nous nous arrêtons après avoir avancé de 36 kilomètres. Plus du double de notre score d'hier.

Encore 124 avant le Pôle.

La course a commencé.

La date fatidique du 23 mars approche. À chaque instant, le soleil – qui nous court après – nous rattrape. Si on veut être au Pôle avant lui, le 23 mars, il faut pousser les machines. C'est d'autant plus dur que nous commençons à ressentir les effets de l'épuisement. Mais il reste beaucoup de *pack* à traverser, et sans doute aussi pas mal d'eau libre à franchir à la nage, bien que les températures très basses solidifient la glace.

Quelle que soit la manière dont on retourne le problème, la conclusion est identique : il n'y a pas une seconde à perdre.

Nous allons si vite que non seulement nous n'avons plus besoin de nous rationner, mais nous pouvons nous offrir le luxe de consommer chacun une ration et demie par jour ! Jusqu'à dix mille calories quotidiennes !

Une puissante bourrasque nord-est dégage peu à peu le magma blanc dans lequel nous évoluons depuis le matin. La visibilité revenant progressivement, on aperçoit de nouveau le reflet du soleil, quand le mirage fait son apparition journalière…

Pendant ces longues semaines de nuit intégrale, on aurait donné n'importe quoi pour quelques minutes de lumière, Borge et moi. Et on a explosé de bonheur, il y a quelques jours, quand elle s'est timidement laissé deviner pour la première fois. Pourtant, depuis qu'elle est revenue (il fait toujours sombre, mais on arrive à se passer de lampes), une chose étrange – et presque inavouable – s'insinue sournoisement dans notre mental : une sorte de démotivation. Soudain, on se demande ce qu'on fait là. Après tout, la banquise en plein jour a des allures familières… Et ce n'est pas pour réitérer un exploit déjà accompli en solo par Borge que nous avons, un certain 22 janvier 2006 – il y a une éternité, semble-t-il–, franchi le point de non-retour du cap Arkticheskiy.

Les skis de Borge ont l'air de tenir. Nous prions tous les deux pour qu'ils résistent jusqu'au Pôle. Ce devrait être le cas, s'il ne met pas les pieds n'importe où. D'autant qu'il n'a plus assez de longueur pour effectuer une énième « greffe ».

Vingt-sept kilomètres en dix heures. Nous franchissons la barre symbolique des 89° de latitude nord et nous passons sous celle des 100 kilomètres : plus que 97, entre nous et le Pôle ! On devrait y être d'ici quatre jours. Trois, si la dérive se met de notre côté.

On pousse les feux pour arriver plus vite. Nous travaillons si dur que nous n'avons plus la force d'échanger un mot. Nos conversations, déjà laconiques, deviennent inexistantes. Entre nous, c'est le silence radio.

Autant le dire carrément : on n'en peut plus. L'effort du cheminement et le travail « domestique » – les soixante à cent vingt minutes que nous passons chaque soir à déneiger nos vêtements avant de pouvoir dîner... – rendent chaque journée plus épuisante que la précédente. Les blessures du froid et l'usure de la fatigue accumulées semblent allonger les jours.

En cours de route, dès que Borge s'arrête quelques instants, le temps que je cherche un passage, il s'endort debout, appuyé sur ses bâtons de ski. Je puise dans mes réserves pour ne pas l'imiter. S'il arrivait que nous nous endormions tous les deux en même temps, au stade d'exténuation où nous en sommes... ce serait la mort assurée, pour lui comme pour moi, au bout de quelques minutes.

De tout ce qui me reste de forces, je crie :

— Réveille-toi, bordel ! Réveille-toi !

Borge se secoue, sans me regarder... Il a compris.

Pendant les pauses, c'est moi, assis sur mon traîneau, qui pique du nez et plonge dans un sommeil auquel je ne peux pas résister.

À son tour, Borge m'arrache aux limbes :

— Allez, dit-il, on y va !

En vérité, chacun offre à l'autre deux ou trois minutes de sommeil, avant de le réveiller. Ces moments volés sont un luxe que le fait d'être deux nous autorise. Seuls, ni Borge ni moi n'oserions fermer un œil. La peur suffirait à nous tenir en alerte.

Chaque fois, c'est un peu plus tôt, un peu plus fort, qu'on s'abat dans un sommeil de plomb, au fond de nos sacs de couchage.

Tout ça est normal et prévisible. Pas de quoi s'inquiéter.

Mais chez moi, depuis un jour ou deux, l'épuisement atteint des seuils pathologiques. Je le sens bien : le simple fait de me tenir debout est devenu un calvaire. Marcher relève de l'exploit. En outre, je perds l'appétit. C'est d'autant plus mauvais signe que moi, pour que je perde l'appétit…

Dans un premier temps, je ne dis rien à Borge, d'autant que lui aussi est sérieusement miné par l'épuisement… Il n'y a qu'à voir son visage ! Pas la peine de lui imposer un stress supplémentaire et, j'en suis sûr, inutile : ça va forcément s'arranger.

Mais soudain, voilà qu'une sale douleur me vrille l'estomac. Difficile de savoir ce que c'est, ou d'où ça vient. Quelque chose de pas frais – c'est le comble ! – dans ma nourriture ? Les vasodilatateurs ? Un excès de fatigue générale qui se manifeste de cette manière ? Peut-être mon organisme me signifie-t-il ainsi sa révolte devant le régime inhumain que je lui impose. Il est vrai que deux jours de repos en tout depuis le départ, c'est peu…

Eh bien, il faudra qu'il continue à s'en passer. Ni Borge ni moi n'avons l'intention d'effectuer la moindre pause avant d'atteindre le Pôle. On ne s'arrête pas au milieu d'un grand sprint final !

On aura tout le temps de récupérer, une fois installés à Barnéo.

Quant à mon estomac... Un bon dîner et quelques heures de sommeil devraient le remettre à l'endroit.

Malheureusement, non. Apparemment, c'est plus grave que je ne le croyais. Dès le réveil, ça me brûle au point que je me demande comment j'ai réussi à dormir. Il fallait vraiment que je sois épuisé. Non seulement la douleur ne s'est pas calmée, mais elle s'aiguise de minute en minute.

Je repars malgré tout, pensant que la marche me distraira et, en m'obligeant à penser à autre chose, fera l'effet d'un antidouleur.

C'est le contraire qui se produit. Pour ne rien arranger, je suis dans un état de faiblesse générale qui empire à chaque pas que je fais sur la glace.

J'ai de violentes crampes d'estomac, les reins fusillés de douleurs et la tête sur le point d'exploser. Je ne suis pas du genre douillet, mais là... c'est comme si une force maligne avait pris possession de mon organisme.

Au bout de dix heures et 25 kilomètres, secoué de nausées, du sang gelé sur le visage, je jette l'éponge.

On se réfugie sous la tente, Borge et moi, en s'interrogeant : où est-ce que j'ai bien pu attraper une saleté pareille ? On retourne toutes les hypothèses, y compris celle d'une fuite de fuel dans mon traîneau, qui aurait imprégné mes rations alimentaires...

Borge me donne une des siennes.

Mais entre la fuite de fuel, l'état d'épuisement qui est le mien en cette fin d'expédition, les infections causées par les gelures de mon nez et de mes doigts... il y a un faisceau de facteurs dont un seul suffirait à me rendre particulièrement vulnérable.

En tout cas, je suis sur le flanc. Au point, cette fois, d'en avoir perdu toute envie de boire ou de manger.

Dans un premier temps, je refuse de prendre les antibiotiques prescrits par le médecin que Cathy contacte de ma part, et que Borge veut absolument m'administrer. C'est, chez moi, une sorte de réflexe immunodéfensif. J'ai toujours trouvé saugrenu, pour me guérir, d'avaler un corps étranger. Je pars du principe que mon organisme doit y arriver tout seul, dans le cadre d'un processus naturel.

Il y arriverait sans doute, en temps normal. Mais j'ai tellement poussé à l'extrême mes limites, mes ressources, que mes fonctions « reconstructrices » ne répondent plus.

Cette fois, Borge s'inquiète sérieusement. Il tente de joindre son propre médecin, sans succès, en contacte un autre et lui décrit mes symptômes. La conversation a lieu en norvégien. Le monologue de Borge est suivi d'un long – et lourd – silence, au bout du satellite.

Finalement, le verdict tombe : « Il faut le sortir de là et le rapatrier d'urgence ! »

Borge remercie et raccroche. Nous savons tous les deux que ça n'est même pas envisageable. Que je préférerais encore crever sur place.

Pour éviter, néanmoins, cette pénible éventualité, j'accepte (avec réticence) les médicaments de Borge. Une double dose d'antibios. Un remède de cheval qui devrait me remettre sur pattes.

C'est l'effet inverse qui se produit : ça va de mal en pis. Je continue à me vider. À pisser le sang. De partout.

N'était sa placidité nordique, Borge aurait de quoi paniquer. Non seulement on risque de ne jamais atteindre le Pôle (alors qu'on en est à 70 kilomètres à peine)... mais il n'est pas exclu que son compagnon d'aventure meure dans ses bras en cours de route.

Ça serait d'une beauté tragique.

Dans l'immédiat, ce sera atroce. Pour lui, presque autant que pour moi.

Après quelques heures de sommeil difficile, traversé de cauchemars épouvantables, je suis réveillé par une douleur insupportable qui ne semble pas vouloir se calmer.

De toute évidence, les antibiotiques n'ont pas encore produit leur effet. Mais je ne supporte pas l'idée de m'arrêter. Surtout maintenant. Surtout si près du but.

Surtout en étant sur le point d'atteindre les symboliques 90° de latitude nord !

On tient une conférence au sommet (enfin, presque au sommet), Borge et moi, afin d'examiner les données du problème. Il est relativement simple. Mon état exige que nous prenions au minimum une journée de repos, afin de me permettre de récupérer. Mais cette journée nous coûtera la victoire, car elle nous empêchera d'arriver au Pôle le 23. En plus, nos amis de la station météo canadienne nous informent qu'une tempête va se lever de leur côté pour arriver en plein sur nous.

Il faut donc dégager d'ici. Sortir de cet environnement et regagner le plus vite possible un endroit où nous pourrons nous réchauffer et nous soigner. Nous avons tellement repoussé nos limites que l'Arctique nous fait payer un lourd tribut, à tous les deux. Il a sérieusement entamé nos forces, et nous sommes en train de mourir lentement de froid. Nous avons l'air de deux cadavres qui marchent. Pour éviter de devenir deux cadavres tout court, la seule chose à faire est de quitter l'Arctique dans les plus brefs délais.

En résumé : pour arriver à la date prévue, mais

surtout pour sauver nos vies, nous décidons de les mettre en danger encore plus que nous ne l'avons fait jusqu'à présent. Nous allons tenter un grand sprint final en poussant les machines encore un peu plus loin… sans être certains de trouver au fond de nous-mêmes les réserves nécessaires.

À partir de maintenant, la course contre le temps et contre le soleil sera aussi une course contre la mort.

Je ne sais pas comment je fais pour tenir le coup. Je ne m'alimente plus et les effets de cette privation ont été immédiats : je suis faible comme un nouveau-né et, faute de réserves caloriques, je mets des heures à m'échauffer, chaque fois que je me remets en route. J'ai des bouffées de chaleur qui rendent mes vêtements insupportables et, presque aussitôt, des frissons glacés jusque dans la moelle épinière. Je marche emmitouflé dans la totalité de mes habits polaires, rien que pour tenter de maintenir ma température à un niveau minimum de survie.

J'en ai déjà conscience, mais les images prises par Borge me permettront de le vérifier plus tard : j'ai l'air d'un zombie !

Mon corps, à bout, a tapé dans sa propre masse musculaire, se privant de cette réserve d'énergie qui lui permet, ordinairement, de se « réparer » lui-même. Le gras de mon visage a complètement fondu ; autour des yeux, en particulier, ce qui leur donne l'air d'avoir été enfoncés tout au fond des orbites.

J'ai pris quarante ans en trois jours !

Il m'est déjà arrivé, au cours de précédentes expéditions, d'atteindre ce seuil dangereux au-delà duquel la différence entre vivre et mourir devient floue, incertaine…

Prenant conscience que je me trouvais sur ce fil du

rasoir, j'avais toujours la possibilité de m'accorder une journée de repos.

Pas cette fois.

Et puis il y a cette fierté, cet orgueil indéracinable, tant chez Borge que chez moi, qui nous interdit, tant qu'il nous restera un souffle de vie, de devenir celui qui ralentira l'autre, celui qui fera échouer l'expédition.

Dans un état mi-comateux, mi-halluciné, je regarde défiler une surface blanchâtre entre mes skis pendant que, loin devant, danse une maigre silhouette rouge sur laquelle est posée une luciole. J'avance comme un automate, obéissant à mes pieds. Le temps s'est arrêté et je ne sais plus pourquoi moi, je continue. L'autre, là-bas, doit le savoir.

J'avance…

Je ne sais plus si j'ai mal. Quand j'arrive à évaluer mon état avec un minimum de lucidité, je suis obligé de constater que je ne vais pas mieux qu'hier… mais que – c'est le bon côté – je ne vais pas plus mal.

C'est la volonté qui me tient debout et me fait continuer. J'en ai de telles réserves que j'arrive à ne pratiquement pas nous ralentir.

La volonté… et Borge. Depuis que je suis tombé malade, il s'occupe de moi avec une abnégation, une générosité dignes de l'infirmière la plus dévouée. Il me fait prendre mes médicaments, ne me laisse plus me lever le premier pour préparer le petit déjeuner ; et pour alléger mon chargement, il m'offre de transférer la tente – l'un des équipements les plus lourds que nous ayons à transporter – dans son traîneau.

Je suis sensible au geste. J'accepte.

Toujours dans le but de ménager mes forces au maximum, Borge décide que je marcherai en tête jusqu'à la fin. Ainsi, c'est moi qui fixerai le rythme et je n'aurai pas à faire l'effort de le suivre ou de m'adapter à son pas.

Évidemment, marcher en tête représente un ensemble de contraintes et de responsabilités – ouvrir la route, contourner les obstacles, déterminer les meilleures trajectoires, etc. – qui, à mon sens, annule l'avantage précédent. Mais je sais que Borge n'a pas d'autre but que de m'aider dans toute la mesure de ses moyens.

Au bout d'une journée de ce régime, toutefois, je m'écroule après nous avoir fait parcourir 25 kilomètres. Une distance très honorable, vu mon état. Je me force à avaler un bol d'œufs brouillés, en buvant beaucoup.

— Écoute, dis-je, ce n'est pas possible, je ne peux pas rester en tête toute la journée. Ou alors, il faut que je prenne vingt-quatre heures de repos complet pour récupérer un minimum de forces.

Vingt-quatre heures sous la tente, à manger le plus possible et à dormir beaucoup. Ça guérirait peut-être les nausées permanentes qui me secouent les tripes et la fièvre qui me dévore.

Mais nous savons l'un et l'autre que cette option n'est pas envisageable. En outre, le temps est en train de changer. Demain, à en croire la météo, les vents du sud nous aideront encore ; mais après-demain, ceux du nord-est nous feront dériver loin du Pôle. Dieu sait dans quoi on risque de se retrouver, si on ne se dépêche pas d'avancer.

Pas la peine non plus de baisser la tête et d'attendre sur place, sous la tente, que l'orage passe. Dans cette région du monde, on peut difficilement déterminer avec précision la durée des phases de mauvais temps ; qui, en outre, se succèdent souvent comme des vagues…

Bref, si on s'arrête, on risque d'être bloqués sur place indéfiniment.

Et nous avons rendez-vous avec le Pôle le 23 mars.

On n'a donc pas d'autre choix que de foncer, d'avaler le plus possible de kilomètres demain pour, après-demain, avoir moins longtemps à affronter les bourrasques nordiques. Après quoi, nous atteindrons enfin le Pôle dans un ultime effort.

Cela ne fait que confirmer la décision, prise en commun, de nous pousser jusqu'aux limites de nous-mêmes, et au-delà.

Borge s'inquiète : est-ce que je tiendrai le coup ?

Je n'hésite pas : oui, je tiendrai. Je n'ai pas le choix, de toute façon.

Maintenant, c'est le tout pour le tout.

Profitant de ce que les éléments nous sont favorables, on avance en reprenant l'alternance : une heure et demie en tête à tour de rôle. Trois heures non-stop, pour commencer, avant la première pause. Puis une pause toutes les heures. Je me force à avaler mes rations et mes compléments énergétiques, malgré mon absence d'appétit. Si je ne m'alimente pas, dans mon état, je suis foutu.

Tout en mangeant directement dans la pochette en plastique qui emballe ma nourriture, je ne peux m'empêcher de m'interroger : et si c'était grave ?

Je veux dire : plus grave que je ne le crois ?

On verra bien. Comme, de toute façon, on ne peut pas y faire grand-chose, inutile de se torturer. Et puis, ça n'a jamais été mon style.

Tant bien que mal, avec l'aide d'une double dose d'antibiotiques, je tiens le coup.

Mais maintenant, c'est Borge qui m'inquiète.

Son visage est blanc. On dirait que tout le sang s'en est retiré. Sa peau est fripée comme celle d'un vieillard. Lui aussi est à bout de course. Et le fait de me remplacer à la corvée de petit déj', depuis deux jours, n'arrange rien.

À présent, il s'endort en marchant ! Et moi aussi ! Cela nous arrivait déjà au début de l'expédition, l'obscurité permanente déréglant nos horloges biologiques. Mais maintenant, l'épuisement s'ajoute au phénomène et nous flirtons en permanence avec la mort, sans prendre de risques plus fous que d'habitude.

C'est le résultat, non seulement de l'épuisement, mais de tout ce temps passé dans la nuit, cette obscurité prolongée qui nous désoriente et finit par dérégler toutes nos fonctions.

On marche sur un fil. De plus en plus ténu. Lever les bras pour planter le bâton devant nous est devenu un effort surhumain. Nous avons atteint ce territoire du péril extrême où aucun de nous n'a plus la force d'aider ou de soutenir l'autre.

C'est chacun pour soi.

Parfois, c'est Borge, parfois, c'est moi, qui demande à l'autre de ralentir un peu. Chaque fois, j'éprouve un sentiment étrange… comme si on allait s'arrêter pour toujours…

Chaque fois, pourtant, on se secoue, arrachant de nous-mêmes cette léthargie qui nous veut du mal. Pas question de baisser la cadence : dans deux jours, les mauvaises conditions météo provoqueront une dérive qui nous éloignera de notre but avant même qu'on l'ait atteint.

Ça nous laisse quarante-huit heures, pas une de plus, pour arriver au Pôle.

18

Le toit du monde

Depuis deux ou trois jours, le soleil semblait lutter derrière l'horizon pour s'arracher à l'empire du pôle Sud et se donner à celle du pôle Nord. L'issue a longtemps paru incertaine, mais à présent il est là, vraiment là, accroché là-haut dans le ciel, vingt-quatre heures sur vingt-quatre. Après l'astre de ces derniers jours, qui n'était qu'une sorte de mirage du froid, après deux mois dans le noir, nous contemplons le soleil, le vrai : celui-là produit des ombres ! Et une imperceptible chaleur… qui, elle, n'est qu'une illusion !

Ce soleil est le seul, l'unique ; pourtant, c'est lui qui a quelque chose d'irréel !

Irréel, comme les paysages que nous traversons.

Plus encore que depuis le début de l'expédition, nous avons la sensation d'être les premiers hommes sur une planète étrange, sans vie possible, vitrifiée par une catastrophe inimaginable et plusieurs fois millénaire, balayée par un souffle glacial et hostile. Nous avançons comme deux explorateurs de l'espace dans leurs scaphandres, vers un destin glorieux ou une fin silencieuse…

Ça y est ! On est sur la glace du pôle Nord. Borge l'a tout de suite repérée. Ce qui la caractérise : une consistance plus ferme et plus dense ; une compacité plus nette, qui se traduit jusque dans sa couleur : légèrement plus sombre. Mais il fallait l'œil expert du « roi de l'Arctique » pour la reconnaître.

Ici et là, on rencontre malgré tout quelques ouvertures liquides… pas assez grandes, toutefois, pour nous obliger à nous mettre à l'eau. Heureusement, car je ne m'en sens plus le courage, dans mon état de fatigue et de faiblesse. D'autant que les prévisions optimistes de la météo ne se sont pas confirmées : les bourrasques nous attaquent par le flanc à 5 mètres par seconde et, même s'il ne fait « que » moins vingt-deux, la banquise nous ramène en arrière.

Et pour demain, ça s'annonce encore pire. Mais une erreur – dans le bon sens, cette fois – est toujours possible.

Au moins l'état lamentable dans lequel je me traîne depuis quarante-huit heures s'améliore-t-il un peu au fil de cette journée, qui devrait être l'avant-dernière de notre périple. Je sens que je suis sur la voie d'une guérison rapide.

Si je devais faire un diagnostic, je dirais que j'ai été victime, non pas d'une fuite de fuel dans mes rations alimentaires, mais d'une infection généralisée, due aux gelures, et contre laquelle mon organisme, privé d'anticorps par l'épuisement, s'est révélé incapable de lutter. Sa seule défense a été d'évacuer d'aussi grandes quantités que possible de ce sang « empoisonné ».

Les douleurs qui me lançaient sans me laisser un moment de répit consentent à m'oublier. Je retrouve même mon appétit. On dirait que finalement les antibiotiques ont fait de l'effet.

Apparemment, le destin a décidé que j'arriverais vivant au pôle Nord.

Mourir à 20 kilomètres du but, ç'aurait été plus que dommage : bête.

Il n'empêche que je comprends plus que jamais la souffrance des grands pionniers du début du XXe siècle. Leurs épreuves me deviennent concrètes, palpables, puisque je les partage au-delà du temps.

Cette distance qui, en fin de journée, nous sépare encore de la victoire, on la ressent de manière mitigée. vingt kilomètres à marcher, c'est peu pour des habitués du trekking extrême comme Borge et moi. Et par rapport à ce qu'on vient d'accomplir, c'est carrément dérisoire.

Mais dans l'état où nous sommes, et dans l'environnement où on se trouve, 20 kilomètres, c'est très, très long !

À tel point que, pour mettre toutes les chances de notre côté – ou pour limiter les risques –, je propose à Borge d'en rajouter tout de suite 5 au compteur.

— Avec les conditions qui s'apprêtent à virer au noir, dis-je, on devrait aller camper à 15 kilomètres de la ligne d'arrivée. On se ferait une dernière nuit et un sprint final plus courts, en mettant tout le paquet.

À la manière dont il me regarde, je sais déjà ce que Borge va me répondre :

— Écoute, Mike, je crois qu'on a donné le maximum pour aujourd'hui. Tu veux vraiment qu'on se fasse crever d'épuisement à 20 bornes du but ?

La question n'appelant pas de réponse, on prépare le bivouac en silence et on dîne dans un état second, tout en essayant de réaliser que DEMAIN, à moins d'une peu probable catastrophe, on y sera !

DEMAIN !

On n'arrive pas encore à y croire.

Le lendemain, le 23 mars 2006, soixante et unième jour de l'expédition, restera l'une des dates les plus importantes de ma vie. Et, sans aucun doute possible, de la vie de Borge Ousland. Difficile d'imaginer que c'est notre dernier jour de marche, ensemble, en direction de l'objectif commun vers lequel nous ne sommes vraiment partis que le 22 janvier.

Deux mois et un jour.

Au moins, je parcourrai cette dernière ligne droite en bonne santé et j'en profiterai pleinement, sans être distrait par les douleurs et les nausées qui m'ont gâché les journées précédentes.

Nous avons reculé pendant nos dernières heures de sommeil, mais de 2 kilomètres seulement. C'est donc un ultime tronçon de 22 kilomètres que nous attaquons, ce – déjà – fameux 23 mars.

Nous partons encore plus tôt que d'habitude, à la fois parce que nous sommes impatients d'y être et pour mettre dans notre camp toutes les chances possibles d'arriver au Pôle avant minuit.

De toute façon, il est temps de conclure. Le soleil est définitivement installé dans le ciel et la nuit arctique qui donnait son sens à notre exploit est terminée.

Notre course aussi, par la force des choses.

Mais peut-être pas seulement pour ça.

Je viens d'apercevoir le nuage sombre caractéristique de la condensation de l'eau « chaude » au contact de l'air glacé.

Le genre de nuage – visible depuis que le soleil s'est levé – qui, dans les régions polaires, révèle la présence d'eau libre.

À trois heures du Pôle !

C'est comme si on venait de me couper les jambes.

Je me sens encore la force d'avaler les derniers kilomètres, même attelé à ma luge, mais pas celle de me mettre à l'eau et de nager en la remorquant sur une longue distance.

Et je sais que Borge en dirait autant.

La présence de cette immense étendue liquide se confirme à chacun de nos pas. Elle est forcément récente, car recouverte – on ne tarde pas à le constater – d'une glace trop fine pour qu'on puisse la traverser à pied.

Mais cette fois, la Nature se met de notre côté. À mesure que nous avançons, le long lac sombre oblique à 90° vers l'ouest, sous le double effet de la perspective qui change et de la glace qui se referme sous la poussée des éléments.

La banquise va-t-elle, sur la dernière ligne droite, nous offrir cette piste plate et dégagée que nous avons, je crois, bien méritée ?

Non. Car à une heure du Pôle, nous nous retrouvons dans l'une des pires zones de *pack* que nous ayons rencontrées depuis longtemps.

Comme si l'Arctique nous disait : « Vous pensiez vraiment que ça serait si facile que ça ? » et nous sortait cette dernière surprise de son sac à coups tordus.

C'est justement au tour de Borge de prendre la tête. Le « roi du *pack* » donne toute sa mesure pour nous permettre de nous faufiler à travers ce dédale infernal. On sue, souffle, tire, hisse et souffre pendant près d'une heure, en se disant que si la banquise ressemble à ça au Pôle, on ne va même pas pouvoir monter la tente !

Malgré tout, on avance.

À 800 mètres du Pôle, on sort enfin du *pack* pour se retrouver dans une sorte de zone hybride dont la surface mélange des reliefs de *pack* et des blocs éclatés, jetés un peu partout. Étonnamment, nous ne sommes pas sur de la glace ancienne, qui aurait au moins 3 à 5 mètres de consistance. Celle-ci doit avoir environ deux ans, à en juger par son 1,5-2 mètres de profondeur.

Quoi qu'il en soit, elle est parfaitement praticable et ne posera pas de problème pour installer le campement.

Borge sort son GPS.

— Mike, dit-il, à toi l'honneur. Passe devant. C'est toi, le premier, qui dois poser le pied sur le Pôle. Moi, j'y suis déjà allé.

Ce Viking est un seigneur. Mais c'est notre aventure à tous les deux. Ce n'est pas maintenant qu'elle touche à sa fin qu'on va se mettre à jouer perso.

— Non, dis-je, pas question. On y va ensemble ou pas du tout.

Puisque j'y tiens…

On installe la caméra numérique sur mon traîneau pour faire une sorte de *travelling* ras du sol des derniers mètres, mais les soubresauts la font tomber. Après plusieurs essais infructueux, Borge s'empare de l'appareil et avance en nous filmant.

La tempête s'est levée, côté canadien, et la glace, sous nos pieds, est déjà en train de dériver au sud-est. Le tapis roulant, une dernière fois… Du coup, pour être certains de ne pas manquer notre cible, nous sommes obligés de viser à côté : au nord-ouest. Il s'ensuit une confusion entre les instruments et une bataille de GPS (qu'on doit sans cesse dégeler) assez cocasse. Dix mètres à gauche, indique celui de Borge ; 13 mètres à droite, le contredit le mien…

On ressent une sorte de trac, presque de peur, à l'idée de fouler ce point imaginaire, comme s'il était à la fois sacré et interdit.

Borge, se fiant à son appareil, mesure la distance à rebours et compte à voix haute : « 150 mètres… 100… 50… 40… 20… 13… »

Son GPS affirme à présent que nous sommes au Pôle.

Le mien n'est pas d'accord. Et puis, soudain, nos deux instruments de mesure sont synchrones…

Nous y sommes !

Il est VINGT-TROIS HEURES CINQUANTE-CINQ GMT, ce 23 mars, lorsque, dans la gloire du soleil de minuit et par moins vingt-huit degrés, nous posons le pied sur le toit du monde.

Soixante et un jours après le début de notre expédition !

Nous attachons nos deux drapeaux à un même bâton de ski, que nous plantons fièrement au point exact. Puis notre caméra nous immortalise, annonçant avec des accents euphoriques la réussite de la première tentative de ralliement du pôle Nord à pied, en hiver.

À l'arrivée de la plupart de nos précédentes expéditions, de nombreux amis étaient venus nous applaudir et nous féliciter. Cette fois, chacun de nous est l'unique spectateur, le seul fan de l'autre. C'est aussi ce qui rend ce moment unique entre tous.

Alors, on se congratule et on se remercie mutuellement, devant l'objectif : « On l'a fait ensemble. Merci, mon ami ! Etc. » Les larmes gèlent à nos paupières. On étreint celui qui est devenu plus qu'un partenaire ou un coéquipier : l'autre moitié de nous-même.

Appuyés l'un sur l'autre comme deux ours polaires, nous venons d'écrire une page d'histoire, Borge et moi.

On serait presque déçus en constatant que cet endroit unique, ce lieu de légende, d'histoires et d'Histoire, n'est pas « physiquement » différent des millions de kilomètres carrés de glace qui l'entourent et qu'on vient bravement de traverser.

Sous nos pieds, il n'y a que de la neige, de la glace… et de l'eau.

Pas le moindre monument, pas la plus petite borne, pas l'ombre d'une plaque…

Il est vrai que ça serait inutile et vain, puisque la

banquise du continent Arctique, contrairement à celle du pôle Sud, n'est que de la glace en perpétuel mouvement.

Ce pôle Nord géographique où nous venons fièrement de poser un pied conquérant se sera déplacé de 5, 10… voire 20 kilomètres d'ici demain. Peut-être avant.

Déjà, nous avons commencé à dériver. Déjà, le Pôle s'éloigne de nous. Et réciproquement. Preuve que personne ne peut le revendiquer. Encore moins le conquérir.

Il nous aura appartenu, l'espace de quelques secondes.

Deux mois d'efforts, pour quelques secondes de triomphe.

Et même ce triomphe-là est illusoire.

L'instant où nous avons planté notre drapeau sur ce sommet est moins important que le voyage qui nous y a conduits.

Nos traces laissées dans cette longue nuit, et déjà effacées, sont moins importantes que celles qui resteront en nous.

Pourtant, mouvant ou pas, fluctuant ou non, cet apogée reste un Graal pour tous ceux qui ont rêvé de l'atteindre. Et le couronnement d'une vie pour ceux qui, comme Borge et moi, ont fait de ce rêve une réalité.

Les sentiments et les sensations se bousculent, se mélangent…

Le pôle Nord géographique, c'est un concentré d'émotions. Aucun endroit au monde n'est plus « chargé » que ce point précis où, à l'œil nu, il ne se passe absolument rien.

Et pourtant… on en ressent physiquement le pouvoir.

Être là, debout à cet endroit exact, c'est abolir le temps qui, partout ailleurs, s'exprime dans les 15° horaires de la rotation terrestre. C'est être à toutes les heures du monde à la fois, puisqu'il suffit de faire un tour complet sur soi-même pour traverser la totalité des fuseaux horaires, aller de Chine en Amérique, d'Afrique du Sud en Australie… C'est remonter le temps, pour peu qu'on tourne dans l'autre sens. C'est se trouver dans toutes les vies de la planète, dans toutes les villes, dans tous les pays… car c'est ici que se règlent tous les réveille-matin du monde, les arrivées de tous les trains, les décollages de tous les avions…

Se tenir ici, c'est partager chaque existence terrestre, au moins symboliquement. C'est être le seul humain à pouvoir régler sa propre horloge, indépendamment de toutes celles de la terre, à l'heure de son choix, en ayant forcément raison. C'est être au cœur même de la grande roue du Temps. Et en devenir le maître.

C'est – à l'inverse – être à la merci d'un temps qui n'existe plus… qui abroge toute heure « officielle » d'une arrivée à ce point précis, anéantit toutes les vanités et rend impératif de passer à autre chose.

Mais c'est – pour un instant au moins – se tenir véritablement sur le toit du monde. Car si l'Everest est la plus haute cime de la planète, le pôle Nord la domine comme la flèche d'une cathédrale le reste de l'édifice. C'est ici le sommet véritable : 90° de latitude nord. Tout est au sud d'ici. Tout ce qui vit – ou ne vit pas – sur cette terre se trouve en dessous.

C'est le début et la fin d'absolument tout.

19

Za zdarov'ié[1] *!*

Le sourire aux lèvres, baignant dans une irréalité dont nous avons bien conscience qu'elle ne durera pas, nous vivons l'un des plus fabuleux moments qu'on puisse vivre.

Maintenant que nous sommes là, je comprends enfin en quoi consiste cette fameuse « magie » que Borge évoquait avant notre expédition, quand je lui demandais ce qui pouvait bien l'attirer au pôle Nord pour la quatrième fois.

Il avait raison : pour la ressentir, il faut y être.

Et pour y être, il faut l'avoir mérité.

Je crois, en toute modestie, que c'est le cas.

Nous avons réécrit l'histoire de l'Arctique. Et ça, personne ne pourra nous l'enlever. Contrairement à l'Américain Peary, dont beaucoup de gens doutent encore qu'il ait réussi, en 1909, à atteindre le pôle Nord avec des chiens de traîneau et des guides esquimaux, la technologie contemporaine nous a permis d'apporter les preuves irréfutables de notre exploit.

Sincèrement… je ne crois pas qu'il sera réitéré.

Personnellement, je ne m'y risquerai pas une seconde fois. (Enfin, c'est ce que je dis maintenant…)

1. En russe : Santé !

D'autant que je suis certain d'une chose, à présent, dont je n'étais pas encore totalement sûr il y a deux mois.

Ce que nous venons d'accomplir était impossible à réussir seul.

À présent, je le sais sans l'ombre d'un doute.

Pour la plupart des gens, notre exploit restera une abstraction. On ne peut pas leur en vouloir. Il faut l'avoir fait pour comprendre. Nous-mêmes, il nous faudra encore un peu de temps pour prendre pleinement conscience de ce que nous venons d'accomplir.

Nous montons la tente, en attendant que les Russes viennent nous récupérer. Il semblerait que des problèmes de météo aient empêché la base de Barnéo de se monter dans les délais prévus. Quant aux hélicos, la tempête que nous avons évitée leur interdit de décoller.

Nous nous glissons dans nos sacs de couchage, prêts à savourer notre victoire.

Borge me dit que j'ai l'air d'avoir quatre-vingts ans. Je lui réponds en riant qu'il en paraît quatre-vingt-dix !

Il sort de son traîneau un gros gâteau au chocolat, confectionné par sa femme, qu'il a apporté jusqu'ici pour fêter notre victoire. Pour ma part, j'ai mis de côté juste assez de café et de sucre pour nous offrir à chacun, pour la première fois, une tasse entière : deux grammes par personne !

Notre aventure se prolonge encore un peu, sous la forme d'un rêve éveillé que nous continuons de faire. S'y amalgament les étendues d'eau noire, les montagnes de *pack*, les ours – je revois les deux petits qui m'ont frôlé en se ruant vers mon traîneau, sous le regard de leur mère… Un songe entrecoupé d'appels satellites à nos familles, nos amis, nos sponsors, l'envoi de photos.

Dehors, le soleil très bas, majestueux et froid, qui nous a rendu notre ombre, flotte sur l'horizon comme un astre de fiction.

Puis, soudain… le premier bruit non naturel depuis deux mois : « Touk touk touk touk… » Les hélicos !

La dernière fois, c'était au cap Arkticheskiy.

Quand les Russes nous récupèrent enfin, le 26 mars 2006, à dix-huit heures GMT, nous dérivons depuis deux jours et nous sommes à 20 kilomètres du Pôle.

Ce n'est qu'en montant dans l'hélico que nous prenons conscience que cette fois, notre expédition est véritablement terminée.

À bord se trouve un médecin, qui m'examine et constate que les antibiotiques ajoutés à quarante-huit heures de repos complet m'ont permis de récupérer d'une façon satisfaisante.

Les pilotes sont ceux-là mêmes qui, deux mois plus tôt, nous ont déposés au cap Arkticheskiy. Ils nous témoignent leur respect et leur admiration, sans nous cacher qu'il y a soixante jours, ils nous considéraient comme perdus corps et biens.

Vingt minutes de vol plus tard, nous débarquons à la base de Barnéo, dont seules deux des vastes tentes collectives sont montées. Le bruit, la fumée et surtout la chaleur qui y règnent sont insupportables, pour nous qui sortons de deux mois de silence et de froids extrêmes.

Après les agapes de bienvenue – copieusement arrosées de vodka, comme il se doit –, nous plantons une fois de plus notre tente… un peu à l'écart.

Et nous commençons à attendre.

Les Russes sont chaleureux par nature. Ils le sont encore plus quand la vodka leur réchauffe le cœur. Ici, la consommation est affolante. On doit frôler les quarante litres par jour. Les gens de Barnéo, qui ne dessoûlent pratiquement jamais, font preuve à notre égard d'une convivialité à laquelle on serait sûrement sensibles en temps normal. Mais là, on aurait plutôt besoin d'un sas de décompression. Pour tout dire : de calme.

Le bon côté, c'est que le liquide les intéresse plus que le solide et qu'ils ne voient aucun inconvénient à ce qu'on tape dans leurs réserves, les nôtres étant épuisées.

Un avion-cargo surgit dans le ciel bleu et largue l'engin qui permettra de créer une piste d'atterrissage. L'appareil qui s'y posera amènera un groupe d'amis, famille, sponsors, etc., pour une visite de quelques heures. Et nous repartirons avec eux.

Malheureusement, les parachutes ne s'ouvrent pas et le Caterpillar explose comme une bombe sur la banquise.

Quelques centaines de milliers de dollars par profits et pertes…

Quelques jours plus tard, un autre cargo venu de Moscou apporte un second bulldozer pour déblayer la neige, et le colis de nourriture que – pour ne pas abuser de l'hospitalité de nos amis – j'ai demandé à Cathy de nous envoyer.

Fondue, vin blanc, mousse au chocolat, chips, viande séchée, crevettes… Notre ordinaire s'améliore nettement.

Le paquet contient aussi des sous-vêtements propres. Une bénédiction ! Faute de douche, on creuse un trou dans la banquise et on s'offre un décrassage express dans l'océan Arctique.

Finalement, le 5 avril…

Un Antonov hors d'âge se pose lourdement sur la piste fraîchement aménagée (avec notre participation) dans la glace. En descendent une trentaine de personnes, parmi lesquelles la maman de Borge, venue embrasser son grand fils. Que nos amis aient fait tout ce chemin pour nous retrouver ici me réchauffe le cœur. Mais c'est bien sûr la présence de Cathy et des filles qui me rend le plus heureux. Les serrer enfin dans mes bras, c'est déjà un peu être rentré à la maison.

Quand on me reproche – ça arrive – le temps que je passe loin des miens, je réponds qu'un père ne vaut que par ce qu'il donne à ses enfants. Moi, je leur donne de l'émotion. Et cette émotion forge le lien qui nous unit.

Cette fois encore, ni elles ni moi n'avons été déçus du voyage.

20

Le Viking et le springbok

En unissant leurs forces, le « roi de l'Arctique » et le « navigateur » ont réussi ce qu'aucun homme n'avait jamais réussi. Toute modestie mise à part, on n'en est pas peu fiers.

Si on me demandait le secret de notre réussite, je répondrais qu'elle tient en trois éléments clés.

Un : l'alignement parfait des planètes Nature, Physique, Mental, Timing. (Je sortais d'une expédition arctique et je cherchais un autre projet ; Borge avait celui-là en tête pour couronner sa carrière, et il était en quête d'un partenaire.)

Deux : une motivation en béton autour d'un même but.

Trois : avoir réussi à former une véritable équipe avec deux individualités que rien ne prédestinait à fonctionner ensemble. Au début, on était tous les deux en compagnie de quelqu'un, mais réellement avec personne.

Au fur et à mesure, les deux fortes personnalités que nous sommes ont su faire dans l'intérêt commun, nous adapter et modifier nos façons respectives de fonctionner. Et quand le but a été atteint, chacun a retrouvé ses habitudes, ses spécificités.

Pendant que nous marchions, en alternant les places une dernière fois, sur les quelques kilomètres qui nous séparaient encore du Pôle, je regardais Borge en pensant à l'incroyable manière dont nos rapports avaient évolué.

Entre nous, les choses n'ont pas toujours été faciles. Il a son caractère et j'ai le mien. Même si on se connaissait, même si on était amis, même si Borge, sur Arktos, m'avait apporté son aide et le soutien de son expérience, nous restions deux individus totalement différents, presque deux étrangers, au départ de cette aventure. Parce que nous n'avions jamais vécu ensemble en expédition, nous nous sommes lancés en ignorant tout du comportement intime et quotidien de l'autre. Malgré notre amitié et notre respect mutuel, le risque était donc total.

Mais nous étions déterminés, lui et moi, à ne rien laisser nous détourner de notre objectif commun : atteindre le Pôle. C'est cette détermination partagée qui a gommé toutes nos différences et fonctionné comme un catalyseur.

Bien sûr, tout ne s'est pas fait du jour au lendemain. Mais nous avons su tirer parti de chaque incident pour le positiver et en tirer l'enseignement nécessaire. Un exemple ? Le fait de ne pas me réveiller, une nuit où un ours a glissé la tête à l'intérieur de la tente, a produit un triple bénéfice. Un : j'ai dû aiguiser ma vigilance ; deux : l'adapter à un travail en tandem ; trois : me rappeler que j'étais responsable de la vie de Borge, autant que lui de la mienne.

Avec lui, je suis retourné à l'école. Mais cette expérience m'a valu de gravir un degré supplémentaire dans l'échelle de son respect.

De son côté, mon coéquipier s'est montré, à l'usage, plus souple qu'il ne l'était au départ. En cours de route,

Borge a appris qu'il n'y avait pas seulement « la bonne manière de faire les choses, la mauvaise, et la sienne », mais qu'il y avait aussi la mienne. Et qu'elle méritait également un minimum de considération. Pour peu que l'on commence par sa méthode à lui, il s'est avéré prêt à essayer toutes les autres. En cela, il a révélé une ouverture d'esprit, une disponibilité et une curiosité qui n'ont fait que s'ajouter, pour moi, à la liste de ses qualités.

En plantant nos petits drapeaux sur le Pôle, nous savions l'un et l'autre que tout ce que nous venions de traverser, de vivre ensemble, avait gommé nos différences, effacé nos quelques disputes. Nous nous sommes entraidés, mais surtout, nous avons utilisé au maximum les qualités et les capacités de l'autre de façon à atteindre notre objectif commun. Résultat : nous étions deux amis au départ de cette expédition ; nous étions deux frères en arrivant au bout.

Sans même nous consulter, c'est le terme qui allait revenir dans nos conversations, nos interviews et conférences de presse respectives, au fil des jours et des semaines qui suivraient notre retour à la « civilisation ». Même éloignés par la géographie – Borge vit à Oslo, moi en Suisse – et la rareté de nos contacts, nous sommes restés unis comme les deux griffes d'un ours. Je me suis réhabitué à dormir dans un lit, sans être secoué trois fois par nuit par Borge et son : « Tu as entendu ? » Mais chaque fois que résonne le « bip... bip... bip... » d'un réveille-matin, une voix grave et lointaine me murmure le même mot à l'oreille :

« *Time* » ...

21

Les mots de la fin

Au bout du compte, au bout de la course, au bout de l'épreuve, il reste une parabole et – je l'espère – un enseignement. De quoi un homme a-t-il besoin pour réussir ? Que lui faut-il pour atteindre son but, que ce but soit le Pôle… ou n'importe quoi d'autre ? De la volonté, de l'adaptabilité, de la curiosité, de la détermination et un peu de courage. En d'autres termes, les qualités dont Borge et moi avons tâché de faire preuve durant cette expédition. Entre notre course au Pôle et sa propre vie, chacun et chacune peut donc établir un parallèle. Parce que, en parlant de nous, c'est d'elle… de lui… que nous parlons.

L'Arctique m'a rappelé la relativité des choses, et l'évidence suivante : le monde n'a pas besoin de moi pour tourner.

Sur la banquise, il n'y a plus de différences entre les êtres et les conditions : c'est la même impitoyable justice pour tous, celle qu'impose la Nature elle-même.

La Nature est l'arbitre suprême. Et – que tous les pollueurs du monde s'en souviennent – elle punit durement, tôt ou tard, ceux qui ne la respectent pas.

La peur est inversement proportionnelle à l'expérience, qui permet de calculer les risques.

Progresser, c'est apprendre à canaliser sa peur.

La peur bien gérée reste indispensable. C'est elle qui me garde en vie. Le jour où je n'aurai plus peur, ceux qui prétendent que je suis fou auront raison. Et pour la première fois, je serai vraiment en danger.

La folie correspond à des critères différents d'une personne à l'autre. Selon moi, la folie, c'est de mettre une cravate pour aller au bureau.

Il n'y a jamais rien eu de suicidaire dans mon approche. Je compte bien faire sauter mes arrière-petits-enfants sur mes genoux, en leur rabâchant mes aventures (les pauvres).

Ce n'est pas par indifférence envers ma famille que je pars. C'est par amour pour elle que je reviens.

La liberté de partir pour mieux revenir n'est pas une chose acquise : elle se gagne.

Une journée au cours de laquelle l'on n'a rien appris est une journée perdue.

Vivre est un honneur. Il faut en avoir conscience à chaque seconde.

Je ne crois pas qu'il reste grand-chose à accomplir, aujourd'hui, dans l'Arctique.

Quoique…

Remerciements

Merci à mes sponsors et partenaires :

Officine panerai (montres, sponsor principal)
Miauton et Getaz Ranang
Eider (vêtements polaires)
Salomon (skis)
Julbo (lunettes et masques)
Morand (casseroles)
Petzl (lampes frontales LED)
Energizer (piles lithium Ultima)
Swisscom Mobile et Swisscom Innovation (transmission SMS, photos et son)
Bluewin (mise à disposition de blogs en allemand, anglais, français)
Hewlett Packard (Schweiz) Gmbh (transformation matériel brut en information accessible grand public)
Sony Europe (matériel HD et caméras digitales spéciales Arctique)

Mark Turner Offshore Challenges, Saas-Fee Bergbahnen, Ferrino, Geolink, Katadyn, Ice Breaker, Nestlé Nutrition, Montana Sport International, Chocolats Villars, Diamir, Noël Fourrures, Helly Hansen, Helsport, Schweizer Illustrierte.

Merci aux amis :

PHILIPPE VARRIN
ROBERTO SCHWEIZER
JOSIE ROBINSON
SIMON HOFMANN
MARKUS WYSS
PASCAL BOVET
ALIX & CHRISTIAN LANDOLT

FABIAN FURRER et tous ceux qui ont travaillé à l'organisation et l'accueil de ma conférence de presse à Saas-Fee.

JEAN-JACQUES et HÉLÈNE MIAUTON
OLAV GRINDE
SEBASTIAN DEVENISH

Leçon de vie

À l'école du Grand Nord

Mike Horn

Mike Horn a affronté les terres les plus reculées, les reliefs les plus extrêmes, les conditions les plus difficiles. De ses nombreuses expéditions il a tiré des leçons de survie, mais surtout de vie. Et ce sont ces enseignements qu'il a voulu faire découvrir à ses filles, en les emmenant dans le Grand Nord où chaque geste compte, où solidarité et chaleur humaine combattent toutes les tempêtes. Annika et Jessica, douze et onze ans, se sont retrouvées sur la glace de l'île de Bylot où elles ont franchi crevasses et ponts de neige, gravi des sommets, monté des campements, établi les itinéraires. Mike veillait, mais leur laissait toujours l'initiative, pour qu'elles fassent par elles-mêmes cet apprentissage universel qui aide à devenir adulte…

(Pocket n° 13008)

Dans le froid extrême

Conquérant de l'impossible
Mike Horn

Il a eu les doigts gelés, a risqué sa vie sur des mers déchaînées, a manqué mourir de froid à – 60 °C… Mike Horn ne vit que pour relever de nouveaux défis. Son exploit – réaliser le tour du cercle polaire arctique, seul et sans assistance –, il l'a vécu comme un véritable voyage vers l'humain. Avec un mental d'acier, une préparation sans faille et un corps capable de se plier à la volonté de l'esprit, Mike Horn n'a jamais renoncé à aller jusqu'au bout. Un voyage sur des terres glacées où la vie ne tient qu'à un fil…

(Pocket n° 12931)

Achevé d'imprimer sur les presses de

BUSSIÈRE

GROUPE CPI

à Saint-Amand-Montrond (Cher)
en janvier 2008

POCKET - 12, avenue d'Italie - 75627 Paris Cedex 13

— N° d'imp. : 71602. —
Dépôt légal : février 2008.

Imprimé en France